보이지 않는 힘이 있다

김승남 지음

조은북스
JoeunBooks

보이지 않는 힘이 있다

보이지 않는 힘이 있다

초판 1쇄 발행   2024년 12월 1일

지은이   김승남
펴낸이   이옥
펴낸곳   조은북스

(C) 김승남, 2024

ISBN 979-11-990273-0-5

추천사

보이지 않는 힘이 보이는 현상을 움직인다. 보이지 않는 힘은 걸림돌에 걸려 넘어졌을 때 디딤돌로 바꿔줄 뿐만 아니라 '역경'을 뒤집어 '경력'으로 만들게 도와주고, 과감한 실천과 '실패' 속에서도 색다른 '실력'을 쌓는 계기를 만들어주는 동인도 보이지 않는 힘이다. 사건과 '사고(事故)'가 연이어 일어나도 '사고(思考)'를 바꿀 수 있는 절호의 기회를 만들어주는 은인도 보이지 않는 힘이고, 불확실한 미래와 한계에 도전하면서도 좌절하거나 절망하지 않고 심장 뛰는 미래를 맞이하는 자세도 보이지 않는 힘이 주는 선물이다. 오솔길에서도 활주로를 개척할 수 있는 혜안과 안목을 주는 배움도 보이지 않는 힘 덕분이고, 세상의 소금과 빛이 되어 나의 성공으로 맛본 성취와 결과를 나보다 어려운 곳에 기꺼이 헌신하고 봉사하며 살아가게 만드는 원동력도 보이지 않는 힘이다.

평생을 보이지 않는 힘을 기반으로 죽음을 기억하는 메멘토 모리(memento mori), 현재에 충실하는 카르페 디엠(carpe diem), 운명을 사랑하는 아모르 파티(amor fati) 정신으로 몸소 실천하고 봉사하는 삶의 전형으로 살아오신 김승남 회장님의 스토리는 읽을수록 빠져들고 생각할수록 감동이 넘치는 삶의 지침서다. 우리 모두가 여러 번 읽고 온몸으로 실천하면서 삶의 등불로 삼아야 할 '경전'이자 가르침의 '경구'로 삼아야 하는 까닭이다.

지식생태학자 유영만, 한양대학교 교수, 《코나투스》 저자

여러 갈래의 길에서
우리가 스스로 선택할 수 있게
놓아두지 않고
우리를 인도하는
이 보이지 않는 힘

목차

들어가면서

보이지 않는 힘이 보이는 세상을 움직인다   11

1   작은 창업으로 시작한 성취와 좌절의 역사   15

2   보이지 않는 힘이 세상을 움직이는 원동력이다   45

3   경쟁력은 성공 에너지가 자라는 네트워크에서 나온다   79

4   성공과 행복은 운과 실력의 합작품이다   109

5   배고픈 세대의 개척자들 덕분에 오늘을 살아간다   133

6   젊은 세대와 함께 나누는 미래의 화두와 질문   169

7   세상의 변화를 주도할 것인가, 끌려갈 것인가?   199

8   자아실현의 중심, 가치관을 바로 세워라   219

9   소중한 사회, 행복한 나라로 가는 비결은?   255

마무리하면서

    젊은 리더 여러분, 보이지 않는 힘을 믿고 정진하세요   289

들어가면서
- 보이지 않는 힘이 세상을 움직인다

즐기고 치열하게 살아오며 인생의 가치는 무엇일까? 어떻게 살아야 보람 있고 행복하게 살 수 있을까? 늘 번민하고 기도하며 성찰해온 여정이 있었다.

배고픈 시대를 살아온 사람이 지금의 현실에서 경쟁으로 지치고 힘들어 하는 사랑하는 젊은 청년들과 손주세대들에게 용기와 희망을 줄 수 있을까?

그들이 만들어가는 세상에서 더 행복하고 활기 넘치는 멋진 삶을 살아갈 수 있을까? 간구하는 마음으로 내용을 정리하였다. 가치관이나 견해에 따라 동의하지 않을 독자들도 있겠지만 유언을 남기는 충정으로 들려주고 싶은 주제들로 어눌하게나마 대화하고 싶었다.

순탄하지 않았지만 알 수 없었던 수많은 과정이 소중했고 순간마다 '보이지 않는 힘'으로 다가왔다. 운명이라고도 팔자라고도 말하는 사람들이 있지만 나는 늘 하나님이 역사하시는 '보이지 않는 힘'을 체득했다.

도와주시고 성원하여 주셨던 모든 분들께 마음의 빚을 갚지도 못한 채로 헤어질 날이 다가오고 있다. 갚아야 할 이 빚을 되돌려 드리는 일이 과제로 남아 가슴을 적신다.

훌륭한 분들의 헌신, 역동적으로 도전하며 세상을 변화시켜 나가는 얘기들은 늘 우리를 감동시킨다. 헐벗고 굶주리며 '잘 살아 보세'라는 구호를 외치며 선진국으로 도약하는 기적을 이룬 오늘에 이르러 이제 자살률 세계 1위, 출산율 세계 꼴찌는 무엇을 말하는 걸까? 공장에서는 사람을 구하지 못해 아우성이고 청년실업은 해결될 기미가 보이지 않는 현실을 어떻게 받아들여야 할까? 이제 사랑하는 젊은 청년들과 우리 손주들은 어떤 미래를 갖게 될까? 하루가 다르게 쉴 새 없이 바뀌어 가는 세상에서 그들에게 도움이 될까? 답답한 마음이 앞선다. 우리가 궁금해 하는 미래 문제들에 챗GPT는 어떤 해답을 줄까?

'꼰대'라며 경원 받는 세대의 시각으로 허리띠 졸라매고 호롱불 켜고 공부하여 여기까지 살아왔다고 소리친다면 공감할 수 있을까?

아니면 이제 세상이 바뀌어 인공지능(AI)이 새로운 삶의 축으로 나타난 상황에서 너도 희망이 있다고 하면 용기를 낼까? 이제 더 힘들어진 사회, 경제, 문화 격차에 앞으로의 과정에 좌절하고 낙망하고 있을까? 수많은 기도와 번민을 담아 '희망이 있다. 더 좋은 세상을 만들어라'라는 메시지를 주고 싶다.

환경이 나쁘다고는 하지만 누구나 노력한다면 아직도 개천에서 용이 되어 하늘로 훨훨 날아오를 세상을 꿈꿀 수 있지 않을까?

내 주변에 에너지가 꼭 필요한 청년들, 불우하지만 역경을 이기고 기개 넘치게 꿈을 이루어 나갈 젊은이들을 응원하려면 어떻게 해야 할까?

양극화가 더 심해진 우리 사회에서 좋은 부모를 둔 청년들이 이 풍요는 내 힘으로 이루지 않았다고, 다른 사람보다 조건이 좋았다고 겸손해하며 주변을 돌아보고 사랑과 나눔, 봉사와 함께 헌신하는 삶을 살아간다면 더 좋은 사회가 되지 않을까? 그들의 따뜻한 마음들을 성원한다.

사회변화를 꿈꾸는 괴짜 같은 젊은이들을 보면 가슴이 뛴다. 기성세대에 막혀서 그들이 좌절하지 않기를 바란다. 더 활기차게 세상을 흔드는 역할을 즐기기 바란다.
가난해도 여건이 안 좋아도 세상을 밝게 변화시킬 수 있다는 신념을 가지고 세상을 사랑하고 이끌어 나갈 청년들에게 더 큰 박수를 보낸다.

사랑하는 멘티들 앙로, 혜령, 재섭, 명기, 수왕, 정빈, 진희, 소영, 슬아와 손주들 영준, 백중, 송, 하중, 현중과 함께 쓴다.
그들과 대화를 나누고 질문을 받고 줄거리를 만든 기쁨이 있었다.
챗GPT를 통하여 다양한 대화를 나눌 수 있어서 좋았다.
인터넷에서 좋은 글들을 인용하였다.
내 삶을 성원하여주신 수많은 은인들에게 깊은 감사를 드린다.

2024년 가을에 저자 드림

작은
창업으로
시작한

성취와
좌절의
역사

우리가 꿈꾸는 미래는
언제 어떤 방향으로 나아갈지
아무도 모른다.

다만 정성을 다해 준비하고
실력을 기르는 과정이 있다면
누구에게나 기회는 열려 있지 않을까?

창업은 어떻게 하게 되셨나요?

보이지 않는 힘이 어디에 있었을까? 회사는 정말 우연히 시작되었다. 여러분도 아마 살아가면서 예상치 못한 전환점을 수없이 갖게 되지 않을까? 나도 평소에 전혀 생각해보지도 않은 창업의 길을 걷게 된 것이다.

우리 가족은 당시 청주 교외의 쓰러져가는 농가 주택에서 살고 있었다. 거실 없이 방만 두 개 있는 허름한 집에서 세 아이들과 함께 불편하게 살았던 시절이 있었다. 군에서 전역하고 재정보증을 선 여파가 이어지고 있었다.

마침 전방에서 같이 근무하며 가족처럼 지냈던 이정섭 후배가 찾아와서 아들의 작문 얘기를 나눈 일이 있었다. 그런 일이 있고 난 후 5년쯤 지났을까? 그 후배로부터 전화가 왔다.

"그때 여건이 무척 어려워 보이시던데 도와 드릴 일이 없을까

해서요."라며 나에게 서울로 올라오라고 했다. 이 일을 통해 우연히 경비보안업 허가를 받고 창업을 하게 되었다.

보이지 않는 힘이 누구를 통하여 왔을까? 이런 계기를 만들어 준 이정섭 후배의 관심과 도움에 항상 감사한 마음이다.

창업 당시는 어떤 상황이었나요?

그동안 우리 가족은 모두 치열하게 살았다. 각자의 일이나 공부에 매진하였다. 어려운 일이 있어도 늘 더 어려운 일에 비하여 감사하자는 마음이었고 매사를 즐기기 위해 힘썼다. 두 아이가 대학에, 막내는 고교에 진학해 있었으므로 가정 형편은 더욱 힘들었다.

그런데 아무 준비 없이 허가증만 덜컥 받은 것이다. 그때나 지금이나 요건만 갖추면 허가는 나오는 것인데 나는 그걸 몰라서 귀한 보물처럼 소중히 간직하고 지냈다. 사업을 하겠다는 의도는 전혀 없었다. 1년쯤 지났을까? 치안본부로부터 '실적이 없으니 취소하겠다.'라는 통보를 받았다. '어떻게 하나?' 망연히 가족들을 바라보니 결정이 쉽지 않았다. 보험회사의 임원이었고 생활이 안정될 즈음이었다. 이제 재정보증으로 생긴 빚을 겨우 다 갚고 작은 아파트를 장만하여 살고 있었고 2천만 원을 은행에 저축하고 있었다.

경제적인 여유가 생기기 시작했는데 망하면 재기는 어렵다는 생각이 들었다. 여러분이라면 어떤 결정을 했을까?

좋은교회를 찾아가 한영제 목사님을 만났다. 공군군목 출신으로 기독예비역장교 모임을 이끌어 주시면서 작은 교회를 개척한지 4년 쯤 된 밝고 생동감을 주시는 젊은 목회자였다.

"목사님, 사업을 해볼까 하는데 판단이 서지 않습니다. 기도 제목인데 어떻게 하면 좋을까요?" 하니, "사업해서 뭐하시려고요? 목적이 무엇입니까?"라고 반문을 받았다.

"30여 년 직장 생활을 하였는데 이제 변화도 추구해보고 싶고 뭔가 가치 있는 일을 해보고 싶네요. 우연히 경비보안업 허가를 받은 일이 있습니다. 좋은 기회인데 버리기도 아깝고 다른 분야에 한번 도전하고 싶은 생각도 듭니다."

"돈을 벌어 하나님이 기뻐하시는 일을 할 수 있으면 사업을 한번 해보시지요. 돈은 가치 있게 활용되었을 때 빛나는 것입니다." 막연하지만 어떤 확신이 섰다.

특히 남들이 모두 늦었다고 생각하는 때에 다시 일어서는 것을 보여주고 싶었다. 인생 후반전의 도전에 새로운 욕구가 솟아났다. 헌 책상 2개, 작은 의자 4개의 시작이었다.

성공한다는 확신이 있었나요?

확신은 없었다. 그러나 군에서 작전참모를 할 때 무슨 일이든 열심히 하면 성공할 수 있다는 믿음이 늘 함께했다. 사업을 하려면 서울로 가야 했다. 학교 다닐 때 잠시 서울에 살아보기만 한 사람이 서울에서 사업을 시작하겠다고 마음을 먹었다면 여러분은 동의할까? 아무튼 용기를 냈다.

아내가 "성공 여부는 하나님이 결정하시니 결과는 하나님께 맡기고 우리는 최선을 다하자. 가진 돈 절반은 헌금하고 시작하자"고 제안했다. 몇 푼 되지도 않는 액수였다.

인건비를 포함한 비용을 줄이는 문제가 중요했기 때문에 회사가 어려워져 월급을 못 받거나 적게 받아도 함께할 수 있는 사람들과 첫걸음을 떼었다. 대표인 나와 박성희 부사장, 이명근 부장, 김종필 대리와 창업했다.

고종형님이 4평짜리 창고를 마련해 주시면서 "죽을 각오로 해도 사업은 성공하기 쉽지 않아. 내가 돈을 대주거나 영업을 도와주지는 못하네. 잘 생각해서 하게."라고 말씀하셨다. 거의 모든 분들이 극구 만류할 정도였다. 자본 없이 용기만으로 될 일이 아니었다. 사무실 유지 비용은 안 들었지만 급여부터 시작해 움직이면 돈이었다. 떠나온 보험회사는 "다시 돌아 와 근무하면 좋겠다."는 연락을 계속 보내왔다.

어려운 고비는 없었나요?

처음부터 어려웠다. 한 달만에 벽에 부딪쳤다. 제안서를 내도 받아주는 곳이 없었다. '실적을 가져오라. 회사 소개서를 검토해 보자' 하다가도 자료를 보면 제안을 받아들이지 않았다. 다시 근무하던 회사로 돌아가려고 결심했다.

만약 이 사업을 존경하는 기업인이 한다면 더 잘할 거란 생각이 들어 그분을 찾아갔다. 내가 금융업계에 근무할 때 임원 제안을 받았으나 "군바리가 무슨 임원이냐?"며 노조의 반대로 임원을 사양하였을 때 대주주로서 격려하여 주시던 분이었다.

"당신은 프로 근성이 있으니 성공할 수 있다. 뭐가 필요하냐? 성원하고 싶다"며 격려해 주셨다. 보이지 않는 힘은 거기에도 있었다.

"제가 경비보안업을 하려는데 어려울 거 같습니다. 회장님이 하시면 잘하실 거라는 생각이 들어서 허가증을 드리려고 왔습니다. 회사도 크니 한번 해보시지요."

"우리는 동우공영이라는 보안 회사를 이미 가지고 있어요. 직접 해보지 그래요? 사업을 하려면 돈이 필요할 텐데 돈을 조금 빌려줄 테니 잘해서 갚으세요. 안 되면 그때 열심히 한 보답으로 주는 것으로 생각하고 안 받을 테니 부담 갖지 말고 잘해 봐요"

이러한 은혜로 다시 시작할 용기와 힘을 얻었고 3년 후엔 빌린 돈을 모두 갚을 수 있을 정도로 자리를 잡았다.

창업 과정을 알고 싶습니다.

회사를 시스템 회사로 발전시키고자 '조은시스템'으로 상호를 정했다. 조은은 우리 교회 이름이기도 하였지만 조은(朝恩)이라는 단어는 국어사전에 왕의 축복이라고 나와 있다. 또 한영제 목사께서 왕은 하나님 한 분이시므로 하나님 축복이라는 논리를 말씀하시고는 했다. 한글로 '좋은'을 병기하였다.

사업을 시작하기 전, 근무하던 회사에 양해를 구하는 일이 어려웠다. 이직을 극구 말리는 사장께 "그동안 감사했습니다. 새로운 길을 한번 가보겠습니다."라며 진지하게 용서를 구했다.

월급을 받는 입장에서 이제는 급여를 주게 되니 생각이 달라졌다. 어제까지만 해도 '일터'라고만 여겼던 직장이 '전쟁터'로 바뀌었다고 할까? 직장 생활을 할 때도 나는 회사에 이익이 되도록 전력을 다해왔었다. 그러나 창업을 하니 '망하면 끝'이라는 절박한 심정이 생겼다.

월급 받는 회사가 망할 때와 창업한 회사가 망할 때의 결과를 상상해보라. IMF 시절 노숙자들 중에는 중소기업 대표들도 많이 있었다. 회사가 망하니 집에도 들어가지 못하고 신용불량자가 되어 떠돌게 된 경우이다. 이제 절박한 심정이 되었다. 군에서 배운 전술에 따른다면 배수진을 치고 전개되는 큰 전투가 시작된 것이다.

창업 당시 비전이나
경영지표 같은 구상을 하셨나요?

나만의 특성을 갖고 4개의 지표를 설정했다.

프로 중심의 강소기업을 지향하자.
출퇴근을 자유롭게 하는 회사를 만들자.
임직원을 주주로 만들자.

급여는 성과급으로 하자.

이렇게 작게 설정했다. 사람과 노동, 자본에 대한 가치가 소중하고, 몽골기병처럼 순발력 있는 소수정예의 개척자 정신이 소중하다고 여겼다.

군에서 근무할 때 동일 계급은 능력이나 업무 강도에 관계없이 동일하게 처우하는 데 대하여 늘 불합리하다고 생각했고, 임직원의 주주화는 유한양행의 창업주이신 유일한 선생의 창업 이념과 사회 환원 철학을 높이 존경하기 때문이었다.

한 가지 명확하게 하고 싶은 것은 차별화였다. 경쟁 회사와는 무엇이든 반대를 지향했다. 보안회사중 이미 기반이 탄탄했던 에스원이나 캡스의 강점이 아닌 쪽의 시장 개척, 영업 방식, 고객 관리에 집중하고 현장에 최우선의 가치를 두고 싶었다.

현장 직원들에 대한 존중과 배려, 특히 인간적인 자긍심을 높이는 문제로 늘 고민했다. 내세울 것 없는 작은 회사이기 때문에 급여나 근무 여건이 좋지 않은 만큼 '자존감을 높여주는 일'이 소중했기 때문이었다. 국가 중요 시설, 공항, 산업 시설 등에서 근무하는 임직원들과 함께한다는 마음으로 재임 27년간 항상 현장 직원들과 동행하였다.

지금은 김창윤 대표이사가 이어서 경영하면서 내가 은퇴한 이후에 더 탄탄하고 내실을 다지는 중견기업으로 성장시키고 있어서 일찍 물러나지 못한 아쉬움을 지니고 있다.

회장직을 물려준 이명근 회장께 어려웠던 시절의 헌신에 깊이 감사하고 있다.

연관 회사들은 어떤 성장 과정을 가지고 있나요?

회사가 중견기업으로 성장하여 회사 규모가 매출 1,500억 원이 되었을 때 코스닥에 상장을 추진하였다. 무인경비사업부와 정보보안사업부를 물적 분할하여 세이프원과 조은INS로 분리하고 조은시스템의 상장을 준비하였다. 대신증권을 상장주관사로 선정하였을 때 '보이지 않는 힘'이 다가왔다.

2008년 글로벌 금융위기가 닥치게 되고 주식시장이 급락하여 추진 자체가 어려워진데다 임직원의 주주화로 주주가 너무 많아서 투자자의 매력이 없다며 상장을 보류하자는 의견을 받아들이게 되어 철회하였다. 기대하였던 주주들에게 미안한 마음을 가지고 있다.

세이프원은 김민석 대표가 경영하며 전자경비, FM 사업 등 꾸준히 성장하고 있다. 김민석 대표는 진정한 프로로 내가 존경하고 있다. 인간관계를 한번 맺으면 변함없이 우정과 의리를 지켜나가는 심성, 해박한 업무 지식으로 가치있는 회사로 성장시키고 있다. 위봇이라는 원거리 제어 감시 장비 개발의 실패와 건설업체 부도로 인한 부실 자산을 잘 정리하고 좋은 여건으로 만든 실력자이다.

조은INS의 정형수 대표는 사이버보안과 정보보안의 전문가로 이 분야의 대기업에서 일하다가 10여 년 전에 함께한 이후 새로운 솔루션을 개발하고 정부나 군, 그리고 공공기관의 PC보안이나 네트워크 보안서비스를 완벽하게 실행하고 있어서 신뢰를 얻고 있다.

잡코리아의 창업은 어떻게 하셨나요?

조은시스템을 창업한 이후 한창 인터넷 공부에 미쳐 있었을 때였다. 이비즈(E-Biz) 아카데미에 다니면서 인터넷 관련 사업을 하면 성공할 수 있을 것이라는 확신은 있었지만 기회가 주어지지 않았다.

언제 어떤 방법으로 시작해야 하나?

눈앞에 기회가 있는데 놓쳐버리는 느낌이었다. 번민을 했다. 곧 예순을 바라보는 나이였다보니 마음이 조급해졌다. 게다가 당시 온라인과 관련된 창업이 활기를 띠고 있었다. 그래서 임기흥 교수를 만났다. 생산성본부에서 MIS 과정을 다닐 때 배우면서 알게 되었는데, 진취적인 젊은 학자로 정보공학을 공부하였으며 대학교수로 전직한 분이었다.

"임 교수, 인터넷 회사를 창업하고 싶은데 좋은 사람 있으면 소개 좀 시켜줄 수 있나요?"

"어떤 사람이 필요하세요?"

"미친 사람 없을까요?"

"열정적인 사람을 말씀하시는 거죠?"

"네, 사업 그림을 그릴 줄도 알고 무엇보다 승부정신을 가진 프로를 찾아주세요."

"몇 사람이나 필요하세요?"

"총괄 업무와 개발 엔지니어, 디자인, 검색 업무를 맡아줄 네 명 정도면 좋겠네요."

"그 인원으로 온라인 사업을 할 수 있을까요?"

"사업이 되는 걸 보면서 가능성을 보고 충원할 생각이에요.

우선은 작게 시작해야지요."

그때 만난 사람이 김화수 팀장이었다.

어떤 인터넷 회사를 생각하셨나요?

좋은 세상을 만드는 데 기여하고 싶은 회사였다. 사무실(조은 시스템) 바로 옆에 네 명이 일할 수 있는 공간을 만들었다. 김승남 대표, 김화수 개발실장, 박미란 검색팀장, 여순희 디자인팀장, 오성홍 엔지니어가 모여 조촐한 시작을 했다.

자본금 3억 원은 모두 내가 부담했지만, 이들에게 지분의 50% 를 배분했다. 회사 이름은 '칼스텍'으로 정했다. 그리고는 남대문 시장에서 군용 야전침낭 두 개를 샀다. 일을 하지 않는 사람은 야전침낭에서 쉬고, 하루 24시간을 사무실에서 먹고 자면서 열정을 바쳐 일했다. 지금의 MZ세대가 이해할 수 있을까?

모두가 주주였고, 모두가 정예요원이였으며, 의기투합하여 똘똘 뭉친 인터넷 특공대였다.

처음에는 'CALS(칼스)'라는 포털 사이트, 'ilovemilitary(아이러브밀리터리)'라는 커뮤니티 사이트, 'jobkorea'(잡코리아)라는 구인구직 사이트까지 총 세 개를 만들어 각각 서비스를 시작했다. 3년을 무료 서비스로 운영하자 자본금이 곧 바닥났다. 게다가 IMF 금융 위기로 온 나라가 충격의 도가니에 빠져들기 시작했다. 내부적으로 여유가 없으니 투자자를 찾아 나설 수밖에 없는 상황이었다.

'이제 어떻게 하나?' 선택의 시간이 다가오고 있었다.

투자 유치는 어떤 안목으로 하셨나요?

그 무렵 두 명의 투자자를 만났다.

한 명은 공공기관에서 퇴직한 후 인터넷에 관심을 두고 있는 사람이었다.

"초기 자본금이 3억 원이던데 저는 10억 원을 투자하여 50%의 지분을 갖고 경영에 참여하고 싶습니다."

3.3배를 투자하면서 경영권을 요구한 것이다.

"경영권이요? 그렇다면 인터넷 사업을 직접 하시려고요? 전문가도 만만치 않은 분야인데요."

"이 분야가 앞으로 유망하다면서요. 가진 재산을 모두 털어서라도 승부를 봐야죠."

"몇 년 후를 손익분기점으로 보시나요?"

"2년이면 안 되겠습니까?"

"제가 보기에 인터넷 사업은 1등 아니면 살아남기 어려운 분야입니다. 업계 1위로 만들려면 최소한 5년 이상이 소요되고, 차후 20억 원 정도는 자본 투자가 계속되어야 할 겁니다."

보류한 채 다른 한 명의 투자자를 더 만나기로 했다. KTB네트워크 권성문 회장이었다. 연락을 하니 동생인 한국엠엔에이 권재륜 대표가 나왔다. 젊고 발랄한 인상이었다.

"투자하겠습니다."

아무런 조건을 달지 않고 너무나 담백하게 말했다. 계약서도 쓰지 않고 계좌번호를 알려 달라고 하더니 회사에 도착하기 전에 이미 투자금이 입금되었다. 여타의 조건은 나에게 맡기겠다는 태도였다. 그러고는 자신들이 경영에 관여하는 것보다는 회사의 성공이 중요하다는 말을 덧붙였다. 신뢰가 갔다.

그리고 역으로 나를 자신들이 운영하는 회사에 영입하고 싶다는 의사를 밝혔다.

"인터넷 회사를 몇 개 인수하려고 하는데 여러 인터넷 회사들을 관장하여 경영해주실 분이 필요해요. 이번 기회에 이 분야를 총괄할 회장을 맡아주시지요." 우선 인터넷 회사의 경영 참여 제안은 거절했다.

"나는 나이도 많고 인터넷 사업은 아무나 할 수 있는 아이템이 아닙니다. 좋은 분을 찾아보세요."

"인터넷 사업은 앞으로 활기를 찾을 겁니다. 같이 했으면 좋겠습니다."

돌아와서 직원들에게 투자를 받게 되었다는 사실을 전하였다. 내용을 전해들은 직원들은 모두 불만이었다.

"저에게 투자자를 찾으라고 하셨으면 좋은 조건을 가진 투자자를 얼마든지 찾을 수 있었는데… 그 동안 들인 공도 있는데, 액면가(주식 처음 발행할 때의 가격) 증자는 너무 억울합니다."

특히 김화수 개발이사는 잔뜩 화를 냈다. 사실 논리적인 설명이 힘들었다. 현재는 불리하나 비전이 있다는 것은 직감뿐이었다.

"좋은 조건이 문제가 아니고 회사를 확실히 성장시킬 여건을 가진 사람이 중요해요. 언젠가 잘했다는 얘기를 들을 테니 걱정하지 말아요."

그러나 지금은 돈을 못 벌고 있지만 회원이 50만 명이 넘는데 그동안 노력한 대가로는 납득이 되지 않는다는 항변이 계속 이어졌다. 그런 직원들을 애써 다독이며 독려했다.

그런 일이 있은 지 몇 달 후 약간의 변화가 있었다. 먼저 여타의 사이트를 포기하고 구인구직 사이트만 운영하기로 했다. 그리고 회사 이름을 '잡코리아'로 바꾸고 대표를 김화수에게 맡겼다. 그는 열정적으로 회사를 키워나갔다. 물론 권성문 회장의 뒷받침이 크게 작용했다.

결과적으로 잡코리아는 리쿠르팅 분야에서 가장 사랑받는 기업이자 1,000만 명의 회원을 가진 대표기업으로 성장했다. 명실공히 국내 최고의 구인구직 사이트로 자리 잡은 것이다.

잡코리아의 성공 비결은 무엇일까요?

우선, 나 자신이 경영권에 욕심을 내지 않았고, 덕분에 능력 있는 사람에게 맡길 수 있었던 행운이 있었다. 또 작게 시작했지만 배고픈 정신으로 무장한 직원들의 분발이 있었다.

둘째, 다른 사이트와 차별화시켜 모든 구직자에게 무료로 서비스를 제공했다. 김화수 대표는 경영을 맡으면서 잡코리아를 구인·구직자들이 북적이는 '온라인 장터'로 만드는 것을 목표로 삼았다. 그래서 구직자에게는 무료 서비스를 제공하고 대신 구인목적의 기업에게는 유료 서비스(채용 광고, 이력서 검색 수수료 등)를 실시했다. 다른 업체들이 수익을 내고자 개인회원에게까지 유료 서비스를 할 때 무료 서비스를 함으로써 취업난으로 힘들어하는 수많은 개인회원들로부터 호응을 얻고자 한 것이다. 이 전략은 맞아떨어졌다. 결국 사이트 방문자 수가 폭등했고 이는 곧 매출 급증으로 이어졌다.

셋째, 독특한 수익모델을 꾸준히 발굴했다. 잡코리아는 개인회원 대상으로 연봉 통계 서비스나 온라인 인성적성 검사 등 다양한 콘텐츠를 꾸준히 개발했다. 이렇게 새로운 트렌드를 읽을 수 있었던 것은 젊은 감각에서 나온 경영전략이 있었기에 가능했다. 무료와 유료 서비스를 혼합한 '하이브리드형' 수익 구조를 만들어냄으로써 한발 앞서 갈 수 있는 기회를 잡았던 것이다.

넷째, 잡코리아라는 브랜드를 홍보했다. 잡코리아는 많은 기업이 자발적으로 찾아올 수 있도록 대대적인 브랜드 홍보와 광고 마케팅을 했다. 다른 구인구직 사이트들과 차별화하여 무·유료 혼합 서비스를 과감하게 시행할 수 있었던 이유는 좋은 투자자로부터 충분한 지원을 받아 여유 있게 경영할 수 있었기 때문이었다.

그리고 이러한 잡코리아만의 차별화된 혼합 서비스가 독특한 수익 구조로 자리 잡으면서 잡코리아는 결국 세계 최대의 리쿠르팅 서비스 업체인 미국 '몬스터닷컴'의 주목을 받게 되었다.

매각을 결정하고 어떻게 정리하셨어요?

1억 불의 조건으로 M&A를 성사시키고 투자자에게 640여억 원, 창업 임직원들에게 각각 10~40여억 원씩을 지급하고 나의 지분은 조은 임직원들도 작은 주주로 만드는 투자금으로 사용하였다.

창업 당시 나의 아내 박성희 권사와 약속한 대로 투자유치금은 내 돈이 아닌 하나님이 주신 특별한 돈으로 여겨 내 자신을 위한 노후자금 준비나 부동산 투자 등 재테크를 하지 않고 4개 대학과 박정희 연구, 몇 개의 선교단체에 기부하고 문화재단을 설립할 수 있었음을 긍지로 여기고 있다.

인간이 욕심을 낸다고 해도 언젠가는 맨몸으로 하늘나라에 가지 않을까? 우리가 가지고 있다는 돈이나 권력, 명예가 언제까지 우리 곁에 머물러 있을까? 인간답게 바르게 정직하게 살아갈 수 있다는 것만으로 우리는 세상에 태어난 소명을 다하고 가지 않을까?

온라인 물류시스템 사업에
실패한 경험을 듣고 싶어요.

욕심이 앞서면 이루지 못한다(欲速不達)는 말이 있다.
'조은시스템'과 '잡코리아'의 성공적인 창업으로 자신감을 얻고 있을 때였다. CIO 포럼의 창립 멤버로 좋은 사람들과의 교류를 하다 알게 된 SI(시스템 통합)전문가가 전자상거래 관련 아이템을 들고 찾아왔다.

전자상거래라면 당시 최고의 관심사였다. 사회적으로도 선점화시킬 수 있고 신용카드 사용을 활성화해서 거래를 투명하게 하여 건강한 사회에 일조할 수 있겠다는 생각이 들었다. 일단 검증을 받기 위해 '농산물 유통 정보화 시스템'이란 사업 제안서를 만들어 국세청의 장춘 세정개혁단장과 농림부 유통과장을 만나 그들의 의견을 들어보았다. 일단 국세청에서는 신용카드 영수증과 현금 영수증 전산화 서비스를 활성화하자는 분위기였으므로 긍정적이었다. 물론 경쟁 입찰을 통해 결정할 것이라는 단서는 붙었다. 농림부 역시 긍정적인 반응이었다.

인터넷을 이용하여 품목별·가격별 실시간 정보를 파악하는 이 시스템에 다들 관심을 보였기에 나는 인터넷 전문가 네 명과 '조은데이터시스템'이란 회사를 설립하고 육군대학 동기였던 인터넷 마니아 이유수 장군을 대표이사로 위촉한 후 본격적인 솔루션 개발에 들어갔다.

그러나 솔루션에 대해서 자꾸 논쟁이 붙었다. 시기가 이르다는 것이었다. 필요한 자료도 너무 방대했다. 일단 농산물 유통 솔루션부터 시작하기로 하면서 농림부와 농협, 농산물유통공사를 찾아다니며 자료를 모았다. 그렇게 분주한 시간을 보내던 3년여가 지난 어느 날, 제안했던 자료를 받기 위해 농림부를 찾아갔는데 담당 직원이 그 솔루션 내용을 보더니 난색을 표했다. 우선 왜 이런 프로그램을 농림 분야에서부터 시작하느냐, 투명한 거래가 요구되는 다른 분야부터 시행한 후에 농림 분야에 시행해야 하지 않느냐는 소극적인 모습을 보이는 것이었다.

그리고 국회에서 격렬히 반대한다는 것이었다. 중간 도매상들의 반대가 심했다. 생각지도 않은 암초에 부딪힌 우리는 농산물 유통공사를 찾아갔지만 마찬가지로 강한 반발에 부딪혔다. 당시에 나는 '이 아이템으로 10만 원의 솔루션을 전국에 500만 개 설치하면 5천억 원, 연 15%의 수수료를 받는다면 1년에 750억 원이 들어온다.'는 생각을 하고 대박 터뜨린다는 부푼 꿈속에 있었는데 큰 좌절과 실패를 겪게 되었다.

좋은 아이템 같은데 왜 실패했을까요?

시기가 너무 빠르지 않았을까? 아직 준비 안 된 시장에 뛰어들어 큰 성공을 이룰 수 있다는 마음에 들떠 있었다. 3년 동안 10여 명의 개발자 중심 직원들에게 월급을 주고 프로그램을 만들다 보니 15억 원의 자본금은 금방 바닥났고 이 사업을 계속 끌고 갈 것인지 말 것인지 논의가 거듭됐다.

회의를 하는 중에 이유수 대표이사가 한 전화를 받았다. 국가비상기획위원장으로 임명되었다는 것이다. 이젠 끝내라는 보이지 않는 메시지로 보고 '이만 정리하자.'는 마음을 굳혔다. 확실하지도 않은 미래의 돈구름만 잡으려고 뛰어다닌 대가를 톡톡히 치렀다. 사업에도 시기가 중요하고 아이템과 사람이 모두 멋지게 조화를 이루어야 한다는 원리를 터득했다. 회사는 자산을 정리하고 임직원들은 재배치를 하고 나는 큰 좌절을 맛보았다. 욕심이 앞서면 이루기 어렵다는 큰 교훈을 얻은 것이다.

이때 신속한 결단을 내리는 것이 모두를 위해 좋다는 판단이 섰다. 지금은 농수산물 유통 정보화시스템과 같은 시스템 통합 프로그램이 일반화되었지만 그보다 20여 년 앞서간 계획은 시기적으로 너무 일렀고 무엇보다 욕심이 앞섰기에 성취를 못하였다.

실패하고 난 이후 정리하는 과정이 궁금합니다.

조은데이터시스템은 계속적으로 성공할 것만 같았던 삶에 브레이크를 걸었다. 이 좌절은 나로 하여금 다시 겸손해지게 만드는 계기가 되었다.

나중에 보면 '손해가 이익이 되고, 주는 것이 얻는 것이며, 지는 것이 이긴 결과'가 된 경우가 많았다. 여러분이 겪을 미래에도 얼마나 많은 좌절과 실패가 있겠는가? 그럴 경우에도 극복 과정을 통해 내공이 쌓일 것이다.

성취를 이룬 사람이든, 못 이룬 사람이든 인생의 마지막에 눈 감을 때는 "돌이켜보니 지나온 길은 외길이었다."는 이야기를 한다고 한다. '보이지 않는 힘이 있었다.'는 표현이 아닐까?

성공도 실패도 산 경험이 될 것이다. 나의 성공과 실패를 모델 삼아 여러분의 산 경험으로 만들어라. 큰 욕심 내지 않고 최선을 다하면 언젠가 자신도 모르게 보이지 않는 행운이 찾아올 것이다. '열심히 노력하면서' 겸손하게 기다리는 자세가 필요하다.

장애인 회사를 일찍 설립하셨지요?

2004년 정부는 장애인을 고용하여 지원하면 일정한 장비와 금액을 기업에 지급한다는 취지의 장애인표준사업장법을 공포하였다. 조은시스템은 국가보안 목표, 공항 등 중요 시설의 보안서비스를 하는 회사로 업무 특성상 장애인 채용을 하기 어려웠다.

매년 장애인 고용부담금을 국가에 납부하고 있었는데 이 제도가 시행되며 곧 30여 명의 장애인으로 구성된 회사를 조은시스템 자회사로 설립하고 경영본부장이 겸직하였다. 마음 뿌듯한 사랑스러운 회사였다.

창립식에는 회사 설립을 축하해 주기 위하여 장애인고용공단 이사장, 고용노동부 차관이 참석하여 격려하였다. 비장애인보다 더 잘할 수 있는 일을 아웃소싱하는 프로라는 의미로 조은프로소싱으로 사명을 정하였다.

장애인들이 잘할 수 있는 일들을
어떻게 선정하셨나요?

전자제품 조립, 세차장 운영 등 장애인 직원들이 할 수 있는 일 위주로 사업을 해 나갔다. 그러나 전자제품 조립 같은 업무는 반복되는 정적인 업무여서 우리 장애인 직원들도 흥미가 떨어지는 상황이었다.

최기원 대표가 장애인 직원들이 좋아하고 업무 강도도 낮은 대형 세탁소를 운영하는 업무로 전환하면서 이제는 장애인 직원들도 즐기면서 흥미를 가지게 되고 수익 구조도 개선되어 좋은 회사로 발전하고 있다. 호텔, 헬스장에서 수건이나 유니폼을 가져다가 깨끗이 세탁하고 위생 처리하여 건조시키고 잘 정리하여 고객에게 가져다드리는 일인데 고객들도 모두 만족해 하셔서 보람을 느낀다.

창립 이후 매년 시무식 첫날은 장애인 직원 모두와 오찬을 함께하고 주기적으로 장애인 직원들을 위한 시간을 갖는 전통을 만들었다. 이 전통은 이어가리라 여긴다.

교육을 전문으로 하는 회사는
어떻게 설립하셨나요?

마지막으로 내가 직접 하고 싶었던 분야가 교육훈련 사업이었는데 뜻을 이루지는 못하였다.

은퇴한 이후 곧 김창윤 대표가 조은시스템의 자회사로 설립하였다. 기업에서 가장 소중한 일이 사람을 활용하는 문제다. 사람이 가장 소중한 자산이다. 좋은 사람을 잘 선발하여 체계적으로 교육시켜 적재적소에 배치하여 능력을 극대화시키는 일이 기업 경영의 요체가 아닐까?

시설 경비보안이나 국가중요 시설의 안전한 운영을 감당하는 일이 중요 과업인 만큼 교육훈련의 중요성은 아무리 강조해도 지나침이 없다.

교육훈련 사업부를 운영하다가 자체 교육훈련 뿐만 아니라 교육이 필요한 다른 회사들의 교육훈련 수요를 서비스하기 위한 전문 회사를 설립하여 서비스하고 있다. 이 분야에서 꾸준히 일해 온 김종필 대표가 맡아서 이 분야를 발전시켜오고 있다. 회사 자체 교육훈련은 물론 일반 기업에 경비보안, 산업 안전, 연관 업무 프로세스를 온오프라인으로 교육하는 서비스를 하고 있다.

경영승계를 미리 준비하셨나요?

준비하지 못하였다. 경영에 대한 체계적 준비가 부족했다. 창업 당시부터 오랜 동안 헌신해 온 이명근 부회장에게 회장을 위양하였다. 초창기 아주 작은 회사에서 혼신을 다하여 회사 발전에 기여한 분에 대한 당연한 예우였다.

그는 성심껏 업무에 임하고 특히 좋은 친화력으로 휘하 임직원들에게 격려와 성원을 즐기며 자긍심을 불어 넣어주는 특별한 능력을 가진 분이었다.

이전에 군에서 함께 근무한 능력 있는 후배들을 영입하여 임원으로 위촉하고 몇 년씩 기회를 주어가며 좋은 경영자로 성장하기를 기대하였으나 성공하지 못하였다.

개인적인 능력은 우수하였으나 자기 욕심이 너무 많아서 과도한 권한을 행사하고자 하거나 다른 직종의 창업을 하여 힘들어

한 경우도 있었고 다른 경우에는 회사에 근무하면서 비밀리에 유사회사를 인수한 다음 갑자기 퇴사하면서 회사의 인력을 데려가고 영업 비밀을 가져가서 사업장마다 경쟁하며 부딪치는 일도 생겨서 인간의 도리와 윤리 한계가 어디까지인지 많은 갈등을 겪고 무척 힘들었던 일도 있었다.

결국 모회사인 조은시스템은 장남인 김창윤 대표를 선임하였다. 창업 2년차가 되었을 때 학군장교로 전역하게 되었고 당시 상황은 창업초기여서 급여를 주기도 어려웠다. 급여를 안 받을 수 있는 사람이 필요했고, "회사에 들어 와서 함께 하자"고 제의하여 합류하였다. 20년 가까이 정보보안 회사인 조은INS대표로 회사를 건실하게 경영하면서 MBA 공부도 하고 자기계발을 꾸준히 하며 많은 노력을 하였다.

건실한 회사로 키우지도 못하고 어정쩡한 중견기업을 미완성의 상태로 물려주는 미안한 마음이었다. 망하지 않고 여기까지 달려왔음을 감사해야 할까? 그러나 더 강건한 회사로 키우지 못하였음은 아쉬움으로 남았다.

회사가 성장하고 사랑받는 기업이 될 수 있을지 흔적도 없이 사라질지 아무도 모른다. 내가 죽고 난 후에라도 임직원들이 얼마나 가치 있는 회사로 성장시키느냐에 따라 미래가 결정될 것이다. 기도하고 있다.

은퇴 이후에는 어떤 일을 하시나요?

돌이켜 보았을 때 보이지 않는 힘이 있었음을 깊이 느끼고 있다. 하나님의 사랑이다.

나는 지금 임직원들에게 작은 코칭을 하면서 매월 2회 이콥엔젤스, 송백포럼 회원들과 함께 노숙자 위주의 밥퍼 봉사, 4개의 장애인 시설 봉사 및 후원, 자립청년 성원, 탈북청년 창업이나 취업 코칭, 차세대 리더 멘토링 등을 하고 있다. 제4의 인생이다.

군인으로 21년, 사회에서 11년, 창업하여 27년, 은퇴하고 4년여 동안 수많은 분들의 사랑과 성원에 은혜를 갚는 일이 소중하다고 믿고 있다.

창업에 성공하셨는데 청년들에게
창업에 대한 생각을 말씀해주세요.

창업은 누구나 도전해 볼 수 있지 않을까? 또 누구나 성공할 수 있지 않을까? 여러분은 늘 새로운 변화를 추구해야 한다.

물론 창업은 도전이고 결단력과 인내심이 필요하다.

창업 후 성공적으로 자리를 잡기 위해서는 변화하는 시장 환경에 맞추어 계속해서 학습하고 혁신하는 것이 중요하지 않을까? 기술의 발전과 시장의 변화에 빠르게 대응하지 못하면 경쟁에서 뒤처질 수도 있다.

따라서 지속적인 자기계발과 시장 분석, 새로운 트렌드에 대한 연구가 필요하다. 작은 식당을 창업하더라도 충분한 준비를 해야 하지 않을까? 가장 잘되는 사업장, 실패한 곳을 찾아서 왜 흥하고 왜 망했는지 면밀히 요인을 분석해 보는 것이 중요하다.

이렇게 잘 분석해 보면 나아갈 길이 보일 것이다. 충분한 준비 없이 뛰어들었다가 얼마 안 가서 망하는 경우를 많이 목격했다. 욕심 없이 혼을 다 바쳐 일한다면 결코 실패하지 않을 것이다.

창업자는 어떤 자세로 도전해야 할까요?

창업자는 초심을 잃지 않고 초기 창업 때의 열정을 계속 유지해야 한다. 또한, 조직 내에서 팀워크를 중시하고 직원들과의 소통을 강화하여 모두가 하나의 목표를 향해 나아갈 수 있도록 리더십을 발휘해야 하지 않을까? 팀원 각자의 역량을 최대한 발휘할 수 있도록 동기를 부여하고, 조직의 비전과 목표를 명확히 하는 것이 중요하다. 우선 리더로서 앞장서서 모범을 보이는 일을 해야 한다.

그리고 미래의 창업가들에게 하고 싶은 말은 '도전을 두려워하지 말라'는 것이다. 창업은 누구에게나 열린 기회이며, 여러분의 아이디어와 열정이 새로운 변화를 만들어낼 수 있다고 믿는다. 실패를 두려워하지 않고, 매 순간 최선을 다하는 것이 중요하지 않을까? 여러분의 작은 시작이 큰 성공으로 이어질 수 있으니 항상 도전하는 자세를 갖고 새로운 미래를 개척해 나가기를 권유하고 싶다.

이러한 귀중한 경험들을 통해 여러분 각자가 사회와 커뮤니티에 긍정적인 영향을 미칠 수 있는 리더로 성장할 수 있다고 믿는다. 창업의 길은 결코 쉽지 않지만 그만큼 보람 있고 가치 있는 여정이다. 여러분 모두의 성공적인 창업을 응원한다.

모범적으로 창업한 사례들을 들을 수 있을까요?

거의 작게 시작하거나 주목받지 못하였으나 크게 성공한 경우가 많다. 병아리 10마리로 시작한 김흥국은 닭고기 생산 판매업체 1위인 하림 창업자가, 동네 과외방 교사 강영중은 대교 그룹 창업자가, 우유 배달하던 신격호는 어려움 속에서 사업을 시작하여 한일 양국에서 크게 성공하고 굴지의 대기업인 롯데 그룹 창업자가 되었다. 막노동꾼 김철호는 기아자동차를 창업하였고 상고와 야간대 졸업 학력의 조운호는 웅진식품 사장으로 성공하였으며 근무력증으로 5년 동안 누워 살던 박성수는 건강을 회복하고 이랜드 그룹을 창업하였다.

'옛날이어서 가능하지 않았을까'라는 반문도 있는데 그렇지 않다. 그때도 어려운 일이었지만 용기와 희망을 가지고 도전했기 때문에 이룰 수 있었다.

최근에도 치과 의사인 이승건이 군의관 시험에서 실패하고 외딴 섬 공중보건의로 근무하며 인문학 책을 많이 읽고 인생의 진로를 고민하다가 구상한 산물이 '토스'라는 온라인 금융 서비스이다.

어려운 집안에서 성장하여 플랫폼 기업 카카오를 창업한 김범수도 'PC방'의 실패를 딛고 성공한 인터넷 기업의 대표적 성공 사례가 아닐까? 그러나 김범수가 여러 법률 위반으로 재판을 받게 된 것은 안타까운 일이다. 욕심이 지나쳐 문어발식 사세 확장의 길이 아닌 소상공인들의 영역을 존중하는 상생의 길을 선택했다면 어땠을까? 하는 아쉬움이 있다.

여러분은 앞으로도 더 좋은 기회들이 있을 것이다.

외국에서도
작게 창업한 사례들이 있을까요?

거의 대부분의 기업들이 작게 시작하여 좋은 성취를 한 사례들이다. 여러분이 잘 알고 있는 구글(Google)을 창업한 래리 페이지(Larry Page)와 세르게이 브린(Sergey Brin)은 스탠퍼드 대학 박사 과정에서 공동 작성한 검색엔진 논문을 가지고 창업하였다.

빌 게이츠(Bill Gates)와 폴 앨런(Paul Allen)의 마이크로소프트(MS) 창업도 작은 차고에서 시작한 열정이었다. IBM의 PC 운영체계를 개발하고 세계를 변화시킨 소프트웨어 기업으로 발전시켰다. 이런 창업자들은 대부분 대학 중퇴자들이 많은데 왜 그럴까? 틀을 깨는 결단으로 나타나지 않았을까?

또 주목하고 싶은 것은 세계적인 IT 기업은 대만계 창업자가 많다는 것이다. 유튜브의 스티브 첸, 야후의 제리 양, TSMC의 모리스 창 등 세계적인 기업의 창업자들이 거의 대만계이다. 그들은 유학 이후 대만으로 돌아가도 고액 연봉을 주는 곳이 없어서 취업할 곳이 마땅치 않아 절박한 마음으로 창업의 길로 들어섰다고 한다.

그리고 대만은 의사나 변호사보다 엔지니어가 대우나 사회적 인식이 훨씬 높아서 우수한 젊은이들이 어렸을 때부터 선호하기 때문이기도 하다.

여기서 우리는 착수소국(着手小局) 착안대국(着眼大局)의 안목을 가지면 어떨까? 거의 대부분의 기업이 작게 창업하고 크게 이루는 과정을 밟은 것을 보게 된다. 정주영이 아주 작은 쌀가게로부터 시작하여 자동차 정비소, 작은 건축회사를 이룬 성취, 김우중이 500만원의 자본금으로 셔츠를 파는 회사로부터 시작하여 세계를 경영하는 꿈을 꾼 도전의 과정은 여러분의 시대에도 변함없이 이어질 것이다.

보이지
않는
힘이

세상을
움직이는
원동력이다

인간은 알 수 없는 힘에 의하여
운명이 결정되는 경우가 많다.
언제, 어디서, 누구를 만나는지에 따라
미래가 정해진다는 많은 사례들을 알게 되면서
더 겸손하게 최선을 다해야 한다는 명제를 안게 되었다.
특히 가족, 직장, 사회생활의 인연은
운명이라고 말하기 어려운 숙명이 아닐까?

스스로를 돌아보았을 때
성공한 삶이었나요?

인간의 성공이나 실패를 한마디로 단정할 수 있을까? 누구나 자신이 설정한 꿈이나 이상을 가지고 결정하지 않을까? 내가 추구했던 꿈은 거의 이루지 못했다.

그럼 실패했을까? 고비 고비마다 다른 길로 들어서서 도전하고 또 도전하는 과정을 즐기며 사랑했다. 내 인생의 목표는 하나님 보시기에 기뻐하는 삶을 사는 것이었으나 부족했다.

주변에 넉넉하게 나누고 감싸주는 삶을 사는 것이 소중하고 가치 있는 삶인데 오히려 만나온 수많은 분들에게 도움과 사랑을 듬뿍 받았다. 성공 여부보다는 감사하고 만족한 마음을 하늘나라까지 안고 가서 기도해 드리겠다는 다짐을 하고 있다.

나는 한없이 부족했지만 인연이 된 분들이 나의 스승이 되고 좋은 가르침과 성원에 힘입어 내 삶의 길잡이와 원동력이 되었다. 분에 넘치는 사랑은 기적이었고 큰 행운이었다.

옛날 사람들은 관 뚜껑이 덮힐 때 그 사람의 성공 여부를 알게 된다는 말을 들었다. 자기 자식들이, 장례식에 모인 사람들이, 죽었다는 부고를 받은 사람들이 '훌륭하게 살았다'고 인정한다면 성공했다고 본다는데 성공한 사람보다는 좋은 사람, 괜찮은 삶을 살았다고 기억되는 그런 마음으로 여생을 마무리한다면 크게 만족하겠다.

지금의 나에게 사랑을 주신 모든 분들에게 빚 갚지 못한 채로 "깊이 감사드립니다" 하며 인사드리고 싶다.

좋은 인연,
가족사에 대해 듣고 싶어요

가족이야말로 '보이지 않는 힘'이 역사한 숙명이 아닐까? 하나님이 맺어주신 인연이다. 베트남 파병 2년 근무를 마치고 들어왔을 때 부중대장이었던 후배 김형곤(후에 장군으로 전역)의 소개로 발레를 하고 있다는 박성희와 만나 결혼하였다.

늘 하나님을 경외하고 좋은 일은 하나님 사랑, 안 좋은 일은 하나님 뜻으로 받아들이며 좋은 일이 생기면 축복이다, 감사해야 한다, 안 좋은 일이 생겨도 화내거나 좌절하지 않고 더 좋은 축복을 주시려는 은사라며 용기를 불어 넣어준 천사 같은 사람이었는데 부사장으로 함께 창업하여 3년여가 지났을 때 폐선암으로 소천하였다.

생각하면 늘 가슴이 먹먹해지는 마음 따뜻한 사람이었다. 헤어졌을 때의 고통은 말로 표현할 수가 없다. 하나님을 원망하고 종교에 대한 회의와 세상에 대한 절망이 극심하여 무척 어려운 과정을 겪었다. 내가 살아온 모든 여정에 그녀의 기도와 성원이 함께 해주었기 때문에 오늘의 나와 우리 가정이 존재하고 있다고 믿는다.

내가 이 글을 마지막으로 쓰는 것도 젊은 세대들에게 주는 희망의 메시지이면서 하늘나라에 먼저 간 박성희 권사가 좋아했던 이웃과 사회와 나라를 위한 기도에 대한 응답의 편서이기도 하며 얼마 전 천수를 다 누리시고 소천한 어머님 영전에 바치는 글이기도 하다.

가정을 이루고 즐겁고 행복한 시절도 있었지만 나의 직업 전환과 재정보증 파산으로 어려운 일을 많이 겪고 살았는데 너무 일찍 여의었다. 삶의 과정에서 사별(死別)보다 더 큰 슬픔이 있을까? 지금도 하늘나라에서 우리 모두를 위하여 기도하고 있으리라는 생각이다.

나는 7남매의 장남으로 8남매의 장녀와 결혼하여 많은 동생들에게 도리를 다하지 못하였다. 동생들에게 보탬이 되는 삶은 사업을 하여 돈을 벌거나 작은 장사나 어떤 일이라도 돈을 모아서 가계에 보탬이 되었어야 하는데, 군인으로 살아오며 박봉으로 가족을 이끌어 가야하는 여건이어서 양쪽 집안에 면목이 없는 삶을 살았다. 아버님을 일찍 여의고 홀로 되신 어머님께서 억척스럽게 자식들을 잘 보살피시고 키우셔서 거의 모든 형제들이 행복하게 살게 되어 깊이 감사드리고 있다.

손자손녀들이 30여 년 전부터 '할머님사랑모임'을 만들어 매년 50여 명 넘는 온 가족들이 다 모여서 주신 사랑을 감사드려 왔다.

꿈은 이루셨나요?

꿈은 여러 번, 전혀 다른 방향으로 이끌림을 받았다. 어렸을 때는 초등학교 교사가 되고 싶었는데, 아이들에게 따뜻한 마음으로 성원하는 교사가 되고 싶었으나 뜻을 이루지 못하였다. 사범학교 시험에서 낙방하였다. 그때는 교사가 되는 유일한 길이었는데 실력이 부족하여 꿈을 이룰 수 없었다.

대학을 졸업할 무렵 5.16 군사혁명이 나서 정부에서 병역기피자 신고를 받고 보니 기피연장자 우선 징집으로 나는 3년 정도를 기다려야 하는 상황이 되었다. 마침 육군에서 간부 후보생 모집 광고를 보게 되었는데 장교로 복무하고 3년 후 전역할 수 있다는 내용이어서 응시하고 합격하였다.

양구지역 21사단의 최전방 초소에서 소대장과 대대 작전장교로 보임되어 열정적으로 근무하다가 보병학교 간부후보생 구대장으로 선발되어 근무하던 중 베트남 파병 명령을 받았다. 처음 1년을 헬기 연락장교로 그리고 1년은 보병 중대장으로 열정을 쏟았다. 군에서 근무하는 가운데 근무 매력에 흠뻑 빠졌다. 적성이 맞았을까? 전역은 별로 의미가 없어졌다. 강원도 고성지역에서 5년 근무하면서 대위 3년 만에 소령으로 특진을 하였는데 3군단

전체에서 혼자 선발되었다. 이제 장군을 목표로 열심히 하겠다는 꿈이 생겼었다.

군에서 근무는 어땠나요?
적성이 맞으셨나요?

너무 재미있었고 보람찬 생활이었다, 늘 콧노래 부르면서 군을 사랑하고 싶다고 군에 대한 열정이 내 숙명이라고 적성에 맞다고 자부심이 대단했었다. 육사 출신의 최선두 진급자와 같은 반열이었다. 그러나 보이지 않는 힘이 있었을까? 뜻밖에 고난을 겪게 되었다. 징계위에 회부되어 처벌 전력을 갖게 되었다. 이런 넋두리 같은 얘기를 해야 할까? 인생은 고난의 기회가 늘 도사리고 있는데 여러분도 어떤 생각지도 못한 불운을 겪을는지 모르므로 얘기하고 싶다.

육군대학 정규과정에서 공부하고 전방에서 연대 작전참모를 마친 다음 중령으로 진급하였을 때 1사단장 우종림 장군의 요청으로 대대장으로 가게 되었다. 근무 발령이 난 날 아끼는 후배 손수태 소령(후에 3사관학교장. 소장전역)에게서 전화가 왔다.

육군대학에서 공부하고 있는데 내 후임으로 오고 싶으니 졸업할 때까지 3개월만 더 근무해 달라는 요청이었다. "다음 주에 부임해야 하니 어렵겠다" 하며 거절하니 손 소령은 후배를 위하여 배려해 주시면 안 될까요?" 하며 간곡히 요청하였다. 흔쾌히 받아들이고 중령 계급으로 소령 보직에서 3개월 더 근무하는 중에 예상하지 않았던 어려움이 생겼다. 손 소령에게 인계하는 도중에 사단장이 바뀌었다. 김복동 소장이 사단장으로 부임하고 1사단장도 전두환 소장으로 바뀌었다는 것이다. 인수인계로 전방에 나가서 합동 근무 중이었는데 전화가 왔다.

연대 모든 참모들이 모두 보안감사에 적발되었다는 것이다. "우리는 무엇이 문제였나?" 하고 물으니 비밀 문건을 미분류 방치했다는 것이었다. "중대시험 계획은 비밀문건이 아니고 대외비다. 비문보관소에 넣어 놓았으니 방치가 아니다" 하며 가볍게 생각하고 부대로 돌아 왔는데 징계위원회에 오라는 통보를 받았다.

부당한 징계를 받아들여야 할까요?

징계위원회에서 해명을 했는데 5분 만에 끝난 회의에 참석하고 오니 나만 징계 처분으로 결정되었다는 것이다. 나중에 보니 지휘부 환영 회식에서 새로 온 보안부대장과 우리 연대장 간의 예의 문제로 사소한 시비가 있었는데 그날 밤 사단 보안부대장이 술에 취한 채로 자기 부대원을 소집하여 우리 연대 전체의 보안감사를 했고 다음 날 연대장이 보안부대장에게 김승남 중령은 선처해달라는 전화를 했고 그는 다른 참모는 다 봐주고 김승남은 처벌하도록 사단에 통보하였다는 것이다.

왜 이런 개인의 푸념 같은 얘기를 해야 할까? 인간에게 보이지 않는 힘이 언제 어떻게 올지 모른다는 얘기를 하고 싶기 때문이다. 처벌 거리가 되지도 않는 문제가 억지로 처벌 대상이 되었다. 설상가상으로 그날 부임하기로 한 1사단에서 나 아닌 다른 사람을 전입 요청하였다고 하면서 전두환 사단장을 잘 아는 분에게 추천을 부탁해보라는 요청을 받았다.

그날 최전방 12사단에서 사단장으로 모시고 근무한 안종훈 장군을 찾아갔다. "손수태 소령 때문에 3개월 전에 못 가고 지금 가려고 하니 저를 안 받겠다고 하는데 1사단에 추천을 해주십시오" 하고 말씀 드리니 빤히 쳐다 보시면서 "1사단에 가지 말고 내가 추천하는 부대로 가는 게 좋겠다. 전두환한테 가는 것보다는 배울 점이 많은 지휘관 밑에서 근무하도록 하여라" 해서 28사단 소준열 장군 휘하에서 대대장으로 근무하게 되었고, 연대장이었던 임동원 대령(전 통일부장관)과 선배 대대장이었던 김동진 중령(전 국방부장관), 이후득 대위(전 조은문화재단이사) 박헌명 대위(전 아주대교수) 박창희 대위(장군 전역)등 훌륭한 선후배들로부터 좋은 성원을 받았다. 지나고 보면 알 수 없는 힘이 늘 함께했다.

군에서의 징계가 군인으로서
좌절의 계기가 되었을까요?

결정적으로 영향을 미치게 되었다. 5사단장 김복동 소장께 전출신고를 하면서 징계장을 드리며 "아무 과오도 없는데 징계를 받았습니다. 항소를 하려고 합니다"하니 "아 그건 내가 지휘조치를 할 테니 가서 근무 잘해" 하시면서 격려를 해 주어서 편안한 마음으로 새 임지에 부임하였다. 1년쯤 지났을 때 우리 사단장으로부터 전화가 왔다. "자네를 보국훈장 상신했는데 처벌 기록이 있어서 취소가 되었다. 사단에서 한 사람 추천했는데 취소가 되었으니 즉시 업무 중지하고 5사단에 가서 알아봐서 보고하라" 해서 찾아갔다. 5사단장은 부관참모를 불러서 물어보니 "보안부대장이 자기 부임 이후 첫 보안 사고인데 지휘조치는 안 된다고 해서 참모장 전결로 올려 보냈습니다."라고 말하니 사단장께서 화를 내면서 경위를 추궁했을 때 내가 말씀드렸다.

"사단장님, 하나님 뜻으로 받아들여야겠습니다. 이제 진급이나 보직이 어려워질 텐데 군 생활이 끝나는 날까지 전력을 다해 근무하겠습니다." 하고 나왔다. 생각하지도 못한 일이 벌어졌다. 이제 진급 희망이 없어졌으니 마무리를 지어야 할까? 그래도 끝까지 최선을 다해야 할까? 힘든 과정이 있었다. 돌아 와서 사단장께 보고하니 "자네는 작전참모를 맡을 준비를 하게" 하며 이제 진급이 어려워진 미래를 어떻게든 도와주려는 배려가 느껴졌다.

아픈 과거가 중요해서일까? 젊은 여러분도 살아가면서 황망한 일을 겪을는지 모르겠는데 지나고 보면 아무것도 아닌 일이 되었고 손수태 장군을 제외하면 지금은 모두 세상을 떠났다. 그때 손수태 장군을 안 만났으면 1사단에 가서 전두환 사단장 휘하에서 근무도 열심히 하였다면 군인으로 성공하지 않았을까? 더 안 좋은 일이 생겼을까? 손 장군과는 가끔 만나서 징계 사건 덕분에 지금 돌아보면 일찍 전역하여 새로운 길을 찾게 되고 더 잘된 일이 아닐까 웃으며 담소를 나눈다. 보이지 않는 힘은 언제나 어디에든 함께했었다.

광주 연대장으로 가게 된 연유는?
5.18의 인연은 우연한 만남

처벌 기록을 안타까워 한 상급자들이 사단 작전참모, 군단 교육과장 등 유리한 보직을 담당시키며 도와주려고 마음 써 주셨었다. 죽을 때까지 감사한 마음을 간직하며 잊지 않겠다. 진급이 낙천되어 좌절하고 있었던 80년도 5월, 6군단 교육과장으로 재직하고 있었다. 신임을 받고 있었고 열정적으로 일했다.

육군본부에 교육 관련 회의가 있어서 서울에 다녀오겠다는 보고를 군단장께 드렸더니 인사참모부장에게 서신을 전하라는 임무를 받았다.

육본에 가서 서신을 드리고 나오다가 강원고성 지역에서 연대 참모를 할 당시 대대장이었던 김기성 장군을 육본 복도에서 우연히 만났다. 나를 무척 아껴주신 분으로 진급과 인사를 관장하는 처장이었다.

"김 중령, 잘 만났네! 작년에 진급 심사에서 처벌 기록으로 안타깝게 낙천되었는데 31사단장이 광주지역에 시위가 많아져서 지역을 잘 아는 사람을 동원 연대장으로 보내 달라는데 누구를 보낼까 생각하고 있었네. 김 중령이 가주면 적격이네." 그분은 결심한 듯 내게 말했다.

"저는 안 됩니다. 이번에 진급도 되어야 하고 군단장께서도 허락하시지 않을 겁니다."

"걱정 말게. 내가 잘 말씀드리고 진급은 중앙 심사를 하게 되니 그 문제도 나에게 맡기게."

내 말은 듣지 않고 오히려 그곳에 가 근무를 잘하라고 격려하는 것이 아닌가. 군단에 돌아오니 이미 재결 통보가 내려와 있었고, 당일 출발에 다음 날 신고 및 부임이었다.

5월 13일에 취임식을 하고 현황 파악할 겨를도 없이 5.18의 격변을 치르게 되었다.

5.18의 진실은 무엇일까요?

진실은 하나이며 단순하다. 시위가 격렬해진 상황에서 5천여 명의 시위 군중들에게 공수부대 2개 대대(400여 명)를 투입하여 진압을 시도하였다. 제압이 불가능한 상황에서 포위된 공수부대원들이 돌파해 나오면서 시민들과 심하게 충돌하게 되었는데 충돌 과정에서 몸싸움으로 일부 시민들과 부대원들의 폭력적인 행동들이 있었다. MBC 등의 방송매체에서는 매 시간 마다 "시민들이 폭도가 되어 진압 군인들을 무차별 폭행하고 있다" 는 방송이 계속되었다.

시민들은 "자신들이 폭행을 당했다"며 허위 보도라며 규탄하면서 김대중, 김종필 등 정치적으로 중요한 인사들의 일제 구속과 겹쳐서 더 격렬한 항의 시위를 벌이게 되었다. 우리 부대는 간부들로만 이루어진 기간 편성으로 향토예비군들이 주력이었다. 전시에 완전 편성하여 향토방위를 하게 되는 부대였는데 주력인 예비군들이 주로 시위에 참여하게 되고 여론이 급격하게 폭발 직전까지 갔었다.

처음에는 편파방송에 항의하며 규탄하다가 군중 심리가 극적으로 폭발하면서 MBC에 불을 지르게 되고 누군가가 "우리도 총 들고 나가자!!" 하며 직장 예비군들과 지역 예비군들이 자신들이 향방 훈련할 때 가지고 나왔던 총과 탄약 장비를 무기고에서 탈취하여 향방 훈련하던 지역에 몇 시간 만에 배치되어 통제가 불가능해진 큰 상황이 발생하였다.

내 휘하에 있는 광주, 나주 등 주변 7개 시군의 직장 및 지역 예비군들이 총을 들고 나와서 시위에 참여하는 일이 벌어지고 향방훈련하던 지역을 무력으로 점령하는 큰 사태가 일어났다. 내가 지휘하는 예비군 부대에 의해 시내 전체가 점령 장악되었다. 어떻게 할 수 없는 사태가 단 몇 시간 만에 발생하였고 할복이라도 해서 임무 수행의 과오를 참회해야 하는 상황이었다. 부임 5일 만에 일어난 큰 비극이었다.

특전사와 20사단이 추가 투입되었으나 이미 시내가 장악이 된 뒤여서 진압을 위한 군사작전을 실시하지 않고 6일의 냉각기간을 가지고 주변에서 포위한 채로 대치하다가 27일 새벽 특전사에서 잠정 편성한 특공부대에 의하여 진압되고 상황이 종료되었다. 불가항력이었다고 하지만 깊은 자책감을 가지고 있다. 부임 5일 만이었으나 아무튼 책임의 와중에 있게 되었다. 사단장은 보직 해임되고 나에게는 1년의 시한을 줄테니 총과 탄약을 회수하고 만약 다 회수하지 못하면 군법회의에 회부하겠다는 통보를 받고 산골짜기와 저수지, 계곡 등을 온통 휘젓고 다니며 회수하기 위한 고난의 세월을 보냈다. 85% 정도의 피탈물들을 회수하고 수습을 다한 다음 그곳에서 다시 진급이 누락되는 아픔을 겪게 되고 결국 21년간 사랑하고 좋아했던 군을 떠나게 되었다.

북한군의 개입설이나 군부의 공작이라는 설은 어떻게 생각하시나요?

둘 다 전혀 아니다. 어느 예비역 대령이 그런 주장을 하고 있고 의외로 믿고 있는 사람들이 있어서 놀랐다. 그는 광주에 와 본 일도 없는 연구소에 근무하였던 사람으로 근거도 없이 주장하고 그로 인해 유죄 판결을 받기도 하였다. 확실한 것은 순수하게 군에서 잘 훈련된 예비군들이 집단으로 저항하여 지역을 장악하고 자기들이 훈련받은 대로 향토방위 체제를 갖추고 저항한 불행한 사건이었다. 누가 총을 쏘라고 지시했느냐? 전혀 우발적인 자위 행위로 쏘았다고 본다. 군부의 조종이 있었느냐? 아니다. 우발적인 집단 군중 심리가 동시에 분출된 민중 항쟁이었다.

아무튼 수습이 대충 끝나고 퇴역 신청을 하였다.

군에서 부하들에게 '먹고 살기 위하여 군에 있어서는 안 된다.'고 말해왔다. 전시에 '저 고지에 올라가 함께 죽자' 하였을 때 죽을 수 있는 기백이 있어야 된다는 생각이었다. '목표를 탈환할 기백이 없으면 언제든 군을 떠나야 한다.' 하며 격려하고 열정을 쏟던 군에 이제 쏟을 힘을 탕진하였다고 판단하였다. 계급 정년은 3년 정도 남았지만 미련을 두기에는 너무 큰 상처를 받았다. 나중에 들었는데 군단장께서 육군본부에 전하라는 편지는 내가 처벌 기록이 있는데 진급심사에 배려해 달라는 지휘서신이었다는 것이었다. 그분의 따뜻한 마음에 감사하고 있다. 격변기에 김기성 장군은 곧 전방 사단장으로 나가고 진급처장은 다른 사람이 부임해왔다. 그때 김기성 장군을 육본 복도에서 안 만났다면 어땠을까? 손수태 소령의 제안을 받아들이지 않고 1사단에 갔었다면 어떻게 되었을까? 전두환 사단장 휘하에서 근무한 거의 모든 대대장들이 장군으로 승진하였는데 나도 순탄하게 더 좋은 일이 있었을까? 아니면 후에 대형 사고가 났다든지 더 큰 불행이 있었을까? 지금 생각하면 그 모두가 하나님의 뜻이었지만 때로 삶은 이렇게 보이지 않는 힘에 의해 우리를 이끌어가곤 하였다. 여러 갈래의 길에서 우리가 스스로 선택할 수 있게 놓아두지 않고 우리를 인도하는 이 보이지 않는 힘은 무엇일까?

고난은 불운일까? 축복일까?

나는 춘궁기의 아픔을 겪어온 배고픈 세대의 마지막 세대였지만, 모두가 가난한 시대를 지나 양극화가 심해지고 경쟁에 지쳐서 힘들어하며 우리 청년들이 모든 걸 비교하고 만족을 모르는 배 아픈 세대의 어른 세대로 고난과 축복을 함께 누린 굴곡진 삶을 살아 왔다고 생각하고 있다.

또 우리사회의 비주류로 살아오면서 삶의 기쁨을 터득하는 경우가 많았다. 역경을 즐길 수 있다는 것, 작은 희망이 더 큰 열정을 만들어 내는 신비, 장애 시설 봉사에서 얻은 생동하는 활력이 파산 후의 재기에 원동력이 되기도 했다. 그리고 신앙을 가졌다는 것은 축복이었다고 믿고 있다. 신앙은 늘 자신에 대한 회개와 성찰을 일깨워주고 인간에게 재산이나 명예나 권력이 아무것도 아니라는 믿음을 주기도 한다.

고난을 많이 겪은 사람의 인생에 곱절의 축복이 있지 않을까? 보이지 않는 힘이 어떻게 역사할까? 일부러 고난을 만들어 겪을 필요는 없겠지만 고난의 세월을 이겨내기 위해 '더 좋은 기회'를 주시려는 특별한 역사라고 믿고 즐긴다면 얼마나 좋을까?

사회 생활하면서 여러 단체나 모임에 참여하는 경우가 있다. 기회가 주어진다면 여러분은 궂은일을 맡아서 하기를 권유하고 싶다. 어떤 사역을 맡으면 불운하다고 여기는 경우도 있다. 그러나 나는 봉사와 헌신이 좋은 삶의 바탕이 된다는 신념을 가지고 있다. 불우 시설 지원 및 기부, 여러 모임에서의 중추적 역할 자청(심부름꾼, 총무, 회장 등), 참여한 모임이나 단체에 사회공헌을 염두에 두고 참여하고 성원한다면 보이지 않는 힘은 늘 생명력을 더 강하게 만들어 우리 주변에 함께할 것이다.

힘든 일이 닥쳤을 때 어떻게 극복하셨나요?

좌절은 재기를 위한 디딤돌이 아닐까?
이번에는 어려움을 당하게 되었을 때 어떻게 대응할 것인가에 대해 말하고 싶다. 여러분은 고난을 어떻게 받아들일까? 나는 어려운 일이 생기면 '하나님이 더 좋은 기회를 주시려는 축복이다. 이것만으로도 감사한다.' 하며 승복한다. 좋은 일에는 '특별한 사랑 주셨다. 감사한다.' 이런 마음이 내가 큰 어려움을 극복할 수 있는 힘이 되었다. 나만의 비법이다. 정말 감사할 일이다. 아무리 어려운 문제를 만나도 '주 하나님 지으신 모든 세계 내 마음속에 그리어 볼 때'로 시작되는 찬송가 한 소절만 부르면 벌써 안정이 되고 다 부르면 어떤 문제도 평안하게 바라보게 된다. 정말 이보다 더 좋은 축복이 있겠는가? 그러나 뜻밖의 어려움을 겪고 온 가족이 회복되는 데 몇 년씩 힘든 세월을 보냈던 과거도 있었다. '어떻게 극복할 수 있었나?'라고 묻는다면 그때의 좌절을 하나님 뜻으로 받아들이고 위기를 즐겁게 극복하는 태도를 보였기 때문이었다고 답해주고 싶다.

재정보증으로 파산을 극복한 사례를 들려주세요.

40대 초반 때 일이다. 되돌아보기 싫은 옛날이지만 비슷한 어려움을 겪고 있거나 혹은 겪게 될 사람들이 있다면 오히려 그런 위기를 재기의 기회로 삼기를 바라는 마음에서 전해주고 싶다.

지금은 은행 대출 시스템이 잘되어 있다. 무리한 보증으로 파산되는 것을 막기 위해 대출 한도도 정해져 있고, 여러 가지 보호 시스템으로 확인 절차도 까다로워 주의만 기울인다면 큰 문제를 겪지 않을 수 있다.

광주지역 연대장으로 홍역을 치르고 있을 때 친지가 찾아왔다. 용달차에 사과를 10박스 싣고 와서 대대 단위로 나누어주는 등 마음을 써 주어서 감사한 마음을 간직하고 있었다. '신세를 졌는데 어떻게 갚나?' 감사한 마음을 가지고 있을 즈음 연락이 왔다. "은행에 재정보증이 필요한데 도와줄 수 있겠느냐?"는 것이다. 당연히 도와주어야 한다고 생각했다.

건설 회사를 경영하고 있고 호텔을 소유하고 있는 재력이 탄탄한 사람이라 오히려 부탁받는 입장이 자랑스럽다는 생각마저 들었다. 인감증명을 발부받아 서둘러 은행 지점으로 찾아갔고 서명과 함께 도장을 찍어주었다. 그 후 전역하고 겨우 연구소에 취직을 했는데, 4개월쯤 지났을까? 은행 직원이 찾아왔다. "부도를 내고 어디로 가 버렸다."는 것이다. 아무튼 믿을 수 없는 사건이 생긴 것이다. 어머님께서 사시는 내 앞으로 된 집과 약간의 전답, 그리고 급여도 50%가 압류되었다. 눈앞이 캄캄했다. 우선 세 남매가 생각났다. '아이들 공부는 어떻게 시키나?' 하는 불안감이 밀려왔다. 급히 집으로 가보니 가재도구에 압류 표시가 되어 있었다. 기도하고 있던 아내가 떨고 있는 내게 담담하게 말했다.

"그동안 적당히 살았으니 이제부터 하나님 열심히 믿고 잘 살아야 한다는 메시지를 주셨네요. 하나님은 이대로 버려두지 않고 더 좋은 기회를 주실 테니 걱정 말고 극복할 힘을 달라는 기도부터 합시다." 가까운 친구 두 사람에게 전화를 했다. 이런 사정을 설명하고 "아이들 가르치는 문제가 큰 걱정이다."라고 하니 한 친구가 "보험회사나 은행에 가면 아이들 두 명까지는 학비를 지급해준다는데…"라며 그 방법을 찾아보자고 하였다.

이것이 청주에 있는 지방은행으로 가게 된 계기가 되었다. 육군대학 동기였던 안병길 대령(후에 국방차관), 차규헌 비상기획위원장께서 따뜻한 마음을 주셔서 큰 도움을 받았다. 대를 이어 갚아야 할 정말 소중한 분들이다. 그 일로 내 인생은 전혀 다른 길로 접어들었다. 아내와 나는 그때 '하나님이 그분들을 통해 도와주셨으니 은혜를 잊지 말고 앞으로 하나님을 기쁘시게 하는 삶을 살아야 한다.'는 다짐을 했다. 모든 것을 하나님께 의탁하고 담담하게 나를 격려하던 아내의 음성이 아직도 내 가슴속에 살아 숨 쉬고 있다. 긍정적으로 받아들이고 위기를 극복한다면 더 좋은 미래가 다가올 것으로 믿는다.

인생에서 좋은 마음과 태도는 무엇일까요?

우리말에 '덕분에'라는 말과 '때문에'라는 말이 있다. 그런데 그 말의 결과는 엄청난 차이를 준다. 언제나 긍정적인 태도를 반복적으로 선택하여 '경영의 신'으로 불린 일본의 전설적인 기업가인 마쓰시타 고노스케. 그는 숱한 역경을 극복하고 94세까지 살면서 성공신화를 이룩한 사람이다. 그는 자신의 인생승리 비결을 한마디로 '덕분에'라고 고백했다.

"저는 가난한 집안에서 태어난 '덕분에' 어릴 때부터 갖가지 힘든 일을 하며 세상살이에 필요한 경험을 쌓았습니다. 저는 허약한 아이였던 '덕분에' 운동을 시작해서 건강을 유지할 수 있었습니다. 저는 학교를 제대로 마치지 못했던 '덕분에' 만나는 모든 사람이 제 선생이어서 모르면 묻고 배우면서 익혔습니다."라고 말하며 '마쓰시타' 라는 세계적인 기업을 이룩한 멋진 기업인이었다.

그의 성공 비결은 무엇이었을까? 모든 일을 긍정적으로 보고 최선을 다한 결과가 아니었을까?

사람은 태어나면서부터 인연이 시작된다고 한다. 인연은 무엇인가? 처음 만나는 부모님을 시작으로 형제 친지 직장동료 사회 지인 등과의 수많은 만남이 아닐까? 우리는 인연으로 엮여 살아가고 있다. 그러나 수많은 좋은 인연을 지나치는 일들이 종종 있지 않을까?

피천득 시인의 시 중에서 '어리석은 사람은 인연을 만나도 몰라보고 보통 사람들은 인연인 줄 알면서도 놓치고 현명한 사람은 옷깃만 스쳐도 인연을 살려 낸다'고 하였다.

보이지 않는 힘은 어떻게 나타날까요?

사람이 평안하고 순탄하게 인생을 살아갈 수 있을까? 세상을 살아오면서 알 수 없는 힘에 의해 움직여지는 경우가 거의 다였다. 언제 어디에서 어떤 부모에게서 태어나느냐는 우리가 결정할 수 없었더라도 언제 어디에서 누구를 만나느냐는 건 인연이 겹쳐서 쌓여 우리 앞으로 다가 오지 않았을까? 누구랑 함께 하느냐에 따라 우리의 성장 궤도가 변경되고 성패를 결정하게 되는 경우가 많지 않을까?

적극적인 사람은 태양과도 같아 어디에서든 밝게 빛난다고 한다. 성격이 운명을 결정할 수도 있지 않을까? 어떤 성격인가에 따라 그에 상응한 인생을 살게 된다고들 말한다.

인생에서 가장 좋은 행운은 학교에서 좋은 선생님을 만나고 직장에서 좋은 스승을 만나며 좋은 배우자를 만나는 것이다.

우리 삶에 긍정적인 에너지를 받을 수 있지 않을까? 긍정적인 에너지를 줄 수 있는 사람을 사랑하고 사업 파트너를 만나야 한다. 멀리 보면 시간이라는 긴 강에서 행복을 찾는 것이 아닐까?

세상에는 항상 보이지 않는 힘이 있다. 져주고 손해 보는 거, 지는 거 모두 언젠가 이익으로 바뀌는 걸 많이 보았다. 진정한 리더는 져줄줄 아는 사람이다.

우리가 만난 모든 사람은 다 소중하다. 세상에 도움이 안 되는 사람이 없다. 한 사람 한 사람과의 인연을 소중히 해야 한다. 한번 도움을 받은 이들에게는 평생 감사하고 은혜를 잊지 않겠다는 마음가짐으로 살아가야 하지 않을까?

나도 챙기지 못하고 소홀히 한 경우도 많았지만 가슴 속에 늘 감사한 마음을 간직하고 있다. 자식들에게도 아버지가 은혜를 받고 못 갚고 먼저 죽으면 그 분들에게 따뜻한 마음을 이어가 달라고 당부한다, 그게 이어진다면 성공한 삶이 아닐까? 자식들에게 지나친 짐을 지우는 것일까? 지금 세대에 합당하지 않을지 모르겠으나 부모의 사랑을 받고 자란 자식들이라면 당연히 이어져야 한다고 믿는다.

비주류로 살아오셨다는데 더 힘들지 않았을까요?

고난의 연속이었다. 그래도 경쟁하면서 즐길 수 있어서 보람 있었다. 군에서는 우수한 육사 출신들과 경쟁했다. 더 실력 있는 사람이 되겠다는 마음가짐으로 노력하고 또 노력했다.

나는 소령 때 육군대학 정규 과정에 시험으로 입학한 첫 기의 행운이 있었다. 그 이전에는 서류로 평가하여 선발하였고 처음으로 시험 제도가 있었다. 동기들이 우수 집단이었고 나중에 동기의 35% 정도가 장군으로 진출했다. 비주류라는 생각을 지닌 간부 후보생 출신들도 함께 공부하면서 투덜대기도 했다. '우리가 공부 열심히 하더라도 장군이 되겠느냐? 작전참모를 해보겠느냐?'며 자조하는 동기들과 격려를 해가며 의지를 불태우고는 했다.

나중에 함께 공부한 간부 후보생 출신 중 소수만 성공을 못한 채 중령으로 전역하고 여러 사람들이 장군으로 진급하고 중장, 대장을 포함하여 군에 많은 기여를 하였다.

주류는 누가 정해준 것이 아니라 자신이 정하고 그 가치는 스스로 정해진다고 믿고 있다. 은행의 비상 계획관은 안전 관리, 전시 대비 등이 임무였지만 그 당시 충북은행은 경영 상황이 어려워 존립이 어려울 정도였다.

나는 영업이 내 업무는 아니었지만 영업부에 교육을 자청하여 교육을 받고 예금 유치에 뛰어들었다. 예금을 유치하기 위하여 큰 백지를 벽에 붙여놓고 잠재 고객을 기록하고 네트워크를 연결해 가며 영업에 몰두하였다.

영업 실적이 좋아서 행우들로부터 많은 부러움과 함께 시기와 질투를 받았었다.

직업이 자주 바뀌었는데
새로운 분야에서 적응은 어떠셨나요?

늘 새로운 도전이었다. 군인에서 연구원으로, 은행원으로, 보험회사원으로, 기업인으로 변신을 하였다. 가까운 친구는 팔자가 기구하다면서 동정하고는 하였다.

적응을 위한 예를 들고 싶다. 지방보험사가 창립되었을 때 은행의 부장급 한 명이 임원으로 가게 되었었다. 아무도 갈 사람이 없었고 내가 가게 되었다. 보험의 '보'자도 모르는 사람이 임원으로 가게 되어 불안했다. 처음에 사장을 만났었다. 나보다 나이가 한 살 적은 분으로 제일생명 전무로 근무하다가 사장으로 선발되어 부임한 분이었다. "저는 업무를 몰라 보험회사의 임원 자격이 없습니다. 부장부터 시작하겠습니다" 그 분은 "업무를 모르면 부장은 더욱 안 되지요. 은행에서 투자하였으니 은행 몫의 임원 임기를 다 하시면 됩니다" 하며 임원을 하라고 하였다.

"실력을 쌓아서 임원을 하고 싶습니다. 은행예금 유치 실적도 있으니 법인 영업을 맡아서 해보겠습니다" 하며 설득하였으나 거절하여 "1년간 기회를 주십시오. 그때 평가하셔서 결정해 주십시오" 하며 1년 후 사직서를 미리 드렸더니 "1년 후에 그만둔다는 약속을 지켜야 됩니다" 하여 법인 영업부장이 되었다.

직급을 낮춰 지원하는 일이 가능했을까요?

능력 없이 대우를 잘 받는다는 건 악덕을 행하는 자가 아닐까? 금융사의 임원은 급여도 많고, 운전기사 있는 차도 주고, 비서와 사무실도 별도로 있는 처우를 받는데 사양하고 직급이 낮은 부장으로 출발하였다. 첫날 20여 명의 직원들에게 "저는 보험의 '보'자도 모르는 사람입니다. 그런데 여러분의 부장이 되었습니다. 모두가 저의 선생님입니다. 잘 가르쳐 주셔서 실력 있는 보험회사원이 될 수 있도록 도와주십시오" 하며 인사하고 계약서 작성, 전표 정리 등을 밤늦게까지 기초부터 배우며 익혀 나갔다. 6개월 정도 혼신의 노력을 다하였다. 이런 여정을 여러분은 동의할까?

나는 자긍심을 느끼는 자랑거리가 3개 있다.

군에서 전역을 앞두고 전역 직전 마지막 날까지 2개월 동안 매일 밤늦게까지 예하 부대의 작전 계획, 교육 계획 등을 수정 보완해 주고 혼을 다 바쳐 열정을 쏟고 전역 신고를 하고 나온 일, 우리나라 최초로 출시된 IBM 노트북을 첫날 사서 활용한 일과 보험회사로 전직하여 임원을 사양하고 부장으로 하향지원을 하게 된 상황에 무한한 자긍심을 갖고 있다.

1년 쯤 지나 임원으로 선발되고 충북은행장이었던 황창익 BYC 사장의 추천으로 BYC생명 상무이사로 근무하였고 보험회사에서 5년 근무하면서 스카우트 대상이 되는 주류가 되었다.

주류는 누구인가? 업무를 효율적으로 수행하여 조직에 기여하고 성과를 극대화하며 주위에 활력을 불어 넣어주는 일을 즐기는 사람이 아닐까? 누구나 주류가 될 수 있다. 출신이나 조건이 아닌 실력으로 승부하면 가능하다.

인생을 살아가면서 가꾸어야 할 좋은 지혜는 무엇일까요?

지혜라기보다는 아름다운 태도랄까 비법이랄까 여러분들이 염두에 두고 실행한다면 보이지 않는 힘이 늘 활기 넘치는 경쟁력으로 다가선다는 걸 느낄 것이다.

우선 감사하는 마음을 가지면 어떤 결과가 늘 함께할까? 감사하며 살 수 있다는 건 특별한 축복이 아닐까? 감사하는 사람에게는 넘치는 자신감이 스스로 생성된다는 것을 수없이 터득하였다. 또 감사하면 감사할 일만 생기고 원망하는 사람에게는 원망할 일만 생기지 않을까? 감사는 만물의 영장인 오직 인간에게만 준 특별한 축복이 아닐까?

겸손한 행동은 우리 모두가 가져야 할 좋은 태도이다. 겸손은 자기 영역 확장의 무기이며 누구에게나 강하게 다가갈 수 있는 힘의 원천이기도 하다. 겸손 자체는 헌신과 열정이 바탕이며 실력 있는 사람이 겸손할 수 있다고 여긴다. 좋은 소양을 갖추고 내공을 쌓아야 겸손한 사람이 되지 않을까?

자기계발을 평생 하면서 사는 사람이 있다면 실력을 갖추고 자기 영역을 확장하고 즐기는 인생을 살 것이다. 그러나 일정한 시기가 지나서 배움을 멈춘 사람과의 차이는 인생 후반기에 큰 차이가 날 것이다. 20여 년 전 조은INS에 백종일이라는 청년이 입사하였다. 대학 1학년을 마치고 군을 전역한 후였다. 정보보안 사업부에서 열정을 다해 일하며 야간대학에 등록하고 일도 정성을 다하며 공부도 소홀히 하지 않았다.

김창윤 대표의 물심양면의 지원도 있었지만 사이버 보안 분야의 실력 있는 전문가로 성장하고 그 분야의 박사 학위도 받아 임원으로 근무하다가 스타트업을 창업하여 능력 있는 기업 대표로 활약하고 있다. 누구나 기회 있을 때 마다 자기계발을 열심히 한다면 기업이나 사회에서의 정년 규정은 의미가 없어질 것이다.

역사나 철학, 인문학 책을 많이 읽고 기회가 된다면 여행을 즐기고 기록하는 습성을 지닌다면 안목이 높은 실력자에 한발 가까이 가지 않을까? 세상의 변화에 맞춰 실력을 높이는 노력을 평생 할 수 있다면 선택된 인간이 아닐까? 우리는 누구든 즐기며 성취할 수 있다.

어떤 마음가짐이 소중할까요?

현명한 사람들은 인생의 정답을 자기가 쓴다고 말한다. 장사하는 사람은 부지런히 새벽에 일어나 준비하고 어떤 사람의 내일이 궁금하다면 오늘 어떻게 사는지 보면 안다고 한다. 인생에서 가장 힘든 시기는 나쁜 날씨가 이어지는 게 아닌 구름 한 점 없는 날들이 계속될 때라고 한다. 재능이 뛰어난 사람보다 잘 견디는 사람이 훌륭하다고 한다. 인생은 살아가는 것이 아니라 살아내는 것이라고도 한다. 진정으로 멋진 사람은 힘든 시기를 이겨낸 사람이다. 힘든 걸 이겨내면 인생의 달콤함도 느낄 수 있다. 그리고 정말 중요한 것은 힘들어본 사람만이 다른 사람의 아픔도 보듬어줄 수 있지 않을까?

역경으로 인하여 삶의 기쁨을 터득하는 경우가 많았다. 고난을 즐기고 이겨내는 희열, 극복할 수 있다는 작은 희망이 더 큰 열정을 만들어내는 신비, 장애 시설의 봉사에서 얻은 생동하는 활력이 파산 후 재기에 에너지의 원천이 되곤 하였다.

어느 철학자는 조언한다.
'사람이 가질 수 있는 복중에 가장 큰 복은 존중받고 사랑받는 것입니다.
이러한 존중과 사랑은 외부에서 오는 것이 아닌 자신에 대한 믿음과 사랑에서 시작됩니다. 사람들로부터 존중과 사랑을 받지 못한다면 그것은 분명히 본인한테 원인이 있는 것입니다.
감사할 줄 모르고 자존심과 자만심으로 살고 있기 때문일 것입니다. 항상 웃으며 진실하고 감사한 마음으로 예의 바르게 사람들을 대해보십시오. 그리고 삶의 목표와 비전을 세우고 매일 스스로와의 약속을 지켜보십시오.'

소중한 인연
어떻게 가꾸고 사랑해야 할까요?

사람은 태어나면서부터 인연이 시작된다고 한다.

처음 만나는 부모님을 시작으로 형제 친지 직장동료 사회 지인 등 수많은 인연들로 살아가고 있다. 그 수많은 좋은 인연을 지나치는 일들이 종종 있지 않을까?

피천득 시인은 '어리석은 사람은 인연을 만나도 몰라보고 보통 사람들은 인연인 줄 알면서도 놓치고 현명한 사람은 옷깃만 스쳐도 인연을 살려 낸다'고 하였다.

만나는 모든 사람을 귀한 인연으로 소중하게 가꾸는 우리가 되어야 한다.

인생을 살아가면서 멘토와 코치를 가지는 노력을 해야 한다고 조언하고 싶다. 나는 2명의 코치와 4명의 멘토를 두고 있었다. 코치는 최운열 서강대 교수와 유승열 SK사장이었다. 군인 출신의 경영이 미숙한 사람으로 코칭을 받아야 하는 명제가 있었다. 특히 코치나 멘토는 어려운 일이 생길 때마다 상황을 설명하고 조언을 받았다.

코치나 멘토는 필요할까? 어떤 역할일까?

내 삶의 모든 과정에 박성희 권사가 멘토였다. 어려운 일이 닥쳐도 "걱정 없다. 우리는 하나님 빽이 있다." 하며 난관을 극복하게 하는 기도의 힘이 있었다. 고비 고비마다에 함께했던 멘토들의 도움을 받는다면 어떨까? 군에서는 연대장이었던 임동원 대령을 통하여 배울 수 있었다. 늘 침착하게 경중 완급을 가리는 과정을 배웠고 또 보험회사에서는 교보생명 이강환 전무를 통하여 영업을 위하여 신뢰를 쌓는 일이 소중함을 알게 되었다. 창업 초기 참존 김광석 회장이 평범하게 한다면 거의 실패한다며 차별화 원리를 수없이 멘토링을 해주었다. 모든 일을 경쟁 회사와 다르게 해야 경쟁력도 생존의 비법도 생길 수 있다는 논리였다.

여러분도 인생을 살아가면서 누군가를 선택하여 "저를 코칭해 주십시오" "제 멘토로 모시겠습니다" 라고 성원을 요청하면 어떨까? 주위에 언제든 조언을 요청할 자문이나 멘토를 가진다면 어떤 경우에도 자신감을 얻을 수 있지 않을까? 고비마다 바른 판단과 결정에 도움이 되고 중요한 시기에 의사 결정을 도와주는 코치나 멘토가 있다면 더 좋은 미래를 찾으리라 믿는다.

최근에 가치를 두고 있는 일은 어떤 것인지 듣고 싶어요

SLA(Smart Business Leadership Academy, 스마트리더십 과정)에서의 인연을 감사하고 있다. SLA는 한국정책재단에서 운영하며 소상공인 스타트업 경영인들을 위한 자기계발 리더십 과정이다. 임태희 이사장(현 경기도 교육감)이 사회공헌을 위하여 설립하였다. 나는 원장으로 3년여 무보수봉사를 하게 되었는데 훌륭한 중소기업가들을 만나서 미래를 이야기하고 성원하는 일을 즐기고 있다. 처음에 의기상통의 관계였는데 원우들의 어려운 상황을 알게 되면서 스스로 힘들어져서 원장을 사임하였다.

임태희 이사장과의 인연은 16여 년 전 PTPI(국제피플투피플)에서 한국총재로 봉사를 하면서 알게 되었다. 주로 외국인 근로자와 다문화가정, 주한미군을 성원하는 국제 봉사단체였는데 안산이나 수원에서 외국인 근로자들이 장소가 없어서 공원이나 역전에서 만나고 환경이 열악함을 보고 한나라당 정책위의장이었던 임태희 의원에게 건의하여 정부에서 필요한 지역에 다문화센터 등을 건립해주는 중 도움을 받은 일로 늘 소외된 사회의 약자를 위하여 헌신하는 마음을 지닌 분으로 존경하는 관계였다.

이제 SLA는 17기가 입학되어 300여 명의 산업 전사들이 정말 역동적으로 사업을 키워나가면서 봉사나 기부를 열심히 하는 모습을 보면 마음이 따뜻해짐을 느낀다.

1기 회장이었던 이조우 회장은 백년화편이라는 명품 떡을 공급하는 회사를 경영하는데 우리나라 최고의 품질 좋은 제품을 공급하면서 기부도 열심히 하고 있고 3기 이원일 회장은 배관 냉난방 공조를 전문으로 하는 원일공조를 건실한 기업으로 성장시키고 대학에도 출강하면서 불우 시설 봉사에 앞장서는 멋진 기업인이다. 정정중 대표는 카페비니를 운영하면서 식자재를 공급하고 에너지가 필요한 주변 사람들을 만세삼창으로 응원하는 유튜브 만세맨이 되어 우리 주변에 큰 에너지를 주고 있다. 매일 새벽 4시에 아차산에 올라가 축하와 격려 메시지를 낭독하고 만세를 불러주는 일을 즐긴다.

모두가 사랑스러운 기업인들이다. 그 외에도 안규승, 황두성 회장 등 미래의 정주영이 탄생하기를 성원하고 있다.

역경들을 잘 극복하는 지혜를 듣고 싶어요

성공하는 사람들은 생존의 절박함을 이겨낸 경우가 많았다. 셀트리온그룹의 서정진 회장은 회사가 부도에 직면하고 임직원들에게 급여도 지급하지 못하는 상황에서 몇 번이나 자살 시도를 하였다고 말하는 것을 들었다. 시련과 역경을 이겨내려고 절박한 여건조차 감사하게 받아들이고 혼신의 노력을 하며 오늘에 이르러 큰 기업을 이루고 있다. 이병철 회장이나 조중훈 회장도 숱한 어려움을 극복한 분들이다. 기업인들의 대부분은 결핍을 희망으로 단련시키고 세상을 살아가면서 말할 수 없는 난관을 이겨내온 분들이 대부분이었다.

'거친 파도가 유능한 사공을 만든다'는 말이 있다.
인간관계도 비슷하다고 여긴다. 『도전과 응전』은 좋은 영감을 주는 책이다. 토인비는 그 책에서 자연 조건이 좋은 환경에서는 인류 문명이 태어나지 않았고 거의가 다 거친 환경, 가혹한 여건에서 이루어졌음을 밝혀주고 있다.
고대 문명과 세계 종교의 발상지는 모두 광야와 같은 안 좋은 땅이었다. 이집트 문명, 수메르 문명, 인도 문명, 안데스 문명, 중국 문명이 그렇다.

이집트 문명을 일으킨 민족은 아프리카 북쪽에서 수렵 생활을 하며 지내고 있던 이들이었다. 지금부터 5, 6천년 전, 강우 전선이 북쪽으로 이동하게 되어 아프리카 북쪽이 모두 사막 지대로 변하게 되자, 세 부족으로 나누어지게 되었다.

그 자리에 남아 그냥 그대로 살아 간 부족은 소멸되고 말았다. 북쪽으로 강우 전선을 따라간 부족도 그곳에서 사라졌다. 그러나 맹수와 독사들이 우글거리는 나일강 지역으로 이주하여 농경과 목축, 어업으로 생활 방식을 바꾼 부족들이 찬란한 이집트 문명을 만들어냈다.

나일강 범람시기를 알아내기 위해 천문학과 태양력이 발달되었고 나일강이 범람 후 물이 빠지면 온통 쑥대밭이 된 토지를 나누기 위해 기하학, 측량술이 발달되었다고 한다.

또한 나일강 범람을 막기 위해 도르래 발명과 축대 쌓는 기술이 발달하여 불가사의한 피라미드를 만들어냈다.

척박한 환경이 문명을 발달시키지 않을까?

중국 문명도 마찬가지이다. 중국에 유명한 두 강이 있다. 양자강과 황하이다. 양자강 유역은 기후가 온화하고 강도 범람하지 않아 그 주변 사람들은 살기 좋고 편안하였다. 그러나 황하 주변은 쿤룬산맥에서 발원하여 발해만으로 흐르고 혹독한 추위로 겨울이면 얼어붙어서 배가 다닐 수 없었고, 강수기에는 범람하여 수많은 인명 피해가 반복적으로 발생하였다.

이런 거친 환경과 싸우다 보니 황하 문명이 발달하게 되지 않았을까? 민족도 마찬가지이다. 세계에서 가장 거친 환경에서 살아온 민족은 유대인들이다.

1900년 동안 이곳저곳 쫓겨 다니며 나라 없는 고통을 당해야 했다. 유대인들을 반기는 곳은 아무 곳도 없었다. 가장 가혹한 환경 속에서 살았다.

온 세계가 유대인을 박해할 때 유대인을 품어준 나라가 그래도 미국밖에 없었다. 2차 대전후 몰려드는 유대인들에게 허드슨 강변을 내주었다. 험악하고 거친 최악의 환경의 땅이었다.

유대인들은 옹벽을 쌓아 허드슨강이 범람하는 것을 막았다. 그리고 금융업을 시작하였다. 오늘날 세계금융의 중심지가 된 이곳이 지금의 월가이다.

세계 문명을 꽃피운 유대인은 0.3%밖에 안 되는 민족이지만 경제 분야에서 세계를 지배하고 있다. 유대인 속에는 거친 환경을 이길 수 있는 DNA가 형성되지 않았을까?

3

경쟁력은
성공
에너지가

자라는
네트워크에서
나온다

경쟁력이 있는 사람은 네트워크가 단단한 사람이다.
네트워크는 누군가와 이어지는 고리다.
'백지장도 맞들면 낫다'는 속담의 뜻은 무엇일까?
자신은 부족하지만
똑똑한 사람의 성원을 많이 받고 있는 사람과
자신은 똑똑하지만
부족한 사람에 둘러싸여 있는 사람 중 누가 강한 사람일까?
약한 자들이 합쳐 강자를 이기는 비법이 네트워크다.
네트워크는 꿈과 비전(vision)을 실현할 수 있는
역동적인 에너지(energy)를 상징하는 것이기도 하다.

우연히 만나 인연을 이어간 이야기,
상생의 우정이 아름답지 않을까?

아름다운 두 소년의 우정

부유한 귀족의 아들이 시골에 갔다가 수영을 하려고 호수에 뛰어들었다. 그러나 발에 쥐가 나서 수영은커녕 물에 빠져 죽을 것 같았다. 귀족의 아들은 살려달라고 소리쳤고, 그 소리를 들은 한 농부의 아들이 그를 구해주었다. 귀족의 아들은 자신의 생명을 구해준 그 시골 소년과 친구가 되었다.

둘은 서로 편지를 주고받으며 우정을 키웠다. 초등학교를 졸업하자 귀족의 아들이 물었다. 넌 커서 뭐가 되고 싶으냐? "의사가 되고 싶어. 하지만 우리집은 가난하고 아이들도 아홉 명이나 있어서 집안일을 도와야 해." 귀족의 아들은 가난한 시골 소년을 돕기로 결심하고 아버지를 졸라 그를 런던으로 데리고 갔다. 결국 그 시골 소년은 런던의 의과대학에 다니게 되었고 그 후 포도

상구균이라는 세균을 연구하여 '페니실린'이라는 기적의 약을 만들어냈다.

이 사람이 바로 1945년 노벨 의학상을 받은 '알렉산더 플레밍'이다. 그의 학업을 도운 귀족 소년은 정치가로 뛰어난 재능을 보이며 26세의 어린 나이에 국회의원이 되었다.

그런데 이 젊은 정치가가 나라의 존망이 달린 전쟁 중에 폐렴이 걸려 목숨이 위태롭게 되었다. 그 무렵 폐렴은 불치병에 가까운 무서운 질병이었다.

그러나 '알렉산더 플레밍'이 만든 페니실린이 급송되어 그의 생명을 구할 수 있었다. 이렇게 시골 소년이 두 번이나 생명을 구해준 이 귀족 소년은 다름 아닌 민주주의를 굳게 지킨 '윈스턴 처칠'이다.

어릴 때 우연한 기회로 맺은 우정이 평생 동안 계속되면서 이들의 삶에 빛과 생명을 주었던 것이다. 후일 영국 수상이 된 부유한 귀족의 아들 윈스턴 처칠이 어린 시절 우연히 알게 된 가난한 농부의 아들을 무시했더라면 시골 소년은 의사가 되어 페니실린을 만들 수 없었을 테고 처칠은 폐렴으로 목숨을 잃었을 것이다.

귀족 소년과 시골 소년의 깊은 우정으로 농부의 아들은 의사가 되어 노벨 의학상을 받을 수 있었고 귀족 소년은 전쟁 중에 나라를 구하고 민주주의를 지킨 수상이 될 수 있었다.

사람들은 자기보다 지위(계급)가 낮은 사람, 가난한 사람, 학식이 없는 사람을 무시하고 하대하기 쉽다. 이는 교만한 마음 때문이다. 교만한 마음은 반드시 자신을 불행하게 만들지 않을까? 자기보다 환경이 안 좋은 사람을 존중하고 사랑을 베풀 때 서로에게 좋은 결실을 맺을 수 있을 것이며 그 자체가 따뜻한 인품으로 포용력 있는 리더십으로 바뀌어서 보이지 않는 힘의 역사로 나타날 것이다.

네트워크는 왜 소중할까요?

우리가 만나는 모든 사람이 네트워크다. 강한 사람은 힘이 센 사람도 아니고, 지위가 높은 사람도, 엄청난 부를 소유하거나 학력이 높은 사람도 아니다. 세상에서 가장 강한 사람은 도와주는 (助)사람이 많은(多) 사람이 아닐까?

아무리 힘센 사람이라도 도와주는 사람이 많은 사람을 이기지는 못한다. 그 사람이 잘되기를, 쓰러지지 않기를 응원해주는 사람이 많은데 무너질 수 있을까?

군에서의 전투는 거의 제병 협동 작전, 연합 작전 같은 네트워크 전쟁이다. 기업 경영도 마찬가지다. 파트너와 제휴 협력이 없으면 가치 있는 경영 성과를 달성하기 어렵다. 흔히 '줄을 잘 서야 한다.'는 말을 하는 사람들을 본다. 네트워크는 우연히 이루어지지 않는, 우리가 만드는 노력의 산물이기도 하다. 그래서 만나는 모든 사람들을 특별한 인연으로 알아야 한다. 즐겁고 기꺼이 하나님이 맺어주신 소중한 사랑을 아름답게 가꾸어가는 사람들이 되자.

인연. 사람은 태어나면서부터 인연이 시작된다고 한다. 처음 만나는 부모님을 시작으로 형제, 친지, 직장동료, 지인 등 수많은 인연들로 살아가고 있다. 그 수많은 좋은 인연을 지나치는 일들이 종종 있다.

주고받고 원리를 늘 강조하시는데 무엇일까요?

이 공식의 원리는 주는 것은 알파가 덧붙어서 되돌아온다는 것, 즉 주는 만큼만 돌아오는 것이 아니라 알파라는 증대인수가 부가되어 돌아온다는 것이다.

$$T = G \times \alpha$$

T = Take (받는 것)
G = Give (주는 것)
α = 증대인수

이는 잡코리아를 창업하고 이끌면서 특히 절실하게 깨달았던 사실이다. 돌이켜보면 소규모 벤처회사였던 잡코리아가 세간의 화제가 될 만큼 성공할 수 있었던 요인 역시 이러한 주고받기 정신 때문이었던 것 같다. 잡코리아 창업 당시 자본금은 모두 나의 돈으로 투자했지만, 아무런 조건 없이 직원들에게 절반의 지분을 주었다. 덕분에 이후 창업 멤버들은 수십억 원의 재산가가 되었다. 때문에 잡코리아의 M&A가 기대 이상의 성공을 거두었을 때 주위 친구들은 이렇게 말했다.

"그때 권성문 회장에게 지분을 안 주었다면 훨씬 더 많은 돈을 벌었을 텐데 잘못 생각한 것 아닌가? 그리고 직원들에게도 지분을 주지 않았으면 몇 백억 원은 더 벌 수 있었을 텐데." 이에 대한 내 대답은 명료하다.

"내가 직원들이나 투자자였던 권성문 회장에게 지분을 주지 않았더라면 잡코리아, 조은시스템 모두 망했을 수도 있어. 지분을 주었기 때문에 직원들도 마치 자기 일처럼 전력을 다할 수 있었던 거야. 나와 모두에게 이익이 되었지." 권성문 회장은 귀인으로 늘 감사하고 있다.

주는 것, 손해 보는 것 결국은 이익이 아닐까?

작은 회사의 성공 요인은 무엇이었을까? 다시(多施)의 결과였다. 직원들이 연봉을 적게 받고 있었으므로 그 대가로 지분의 절반을 줄 수 있었던 동기부여가 큰 요인이었다고 본다. 대부분 경영권 때문에 50%의 지분을 직원이나 투자자에게 주지 않는다. 그러나 직원들과 경영권조차도 나눌 만큼 신뢰를 나눌 수 있는 여건이 프로 정신을 갖게 했고 모두가 헌신적으로 일하여 그 분야 최고의 실력 있는 회사로 성장케 한 열매를 맺었다.

기업주는 주식을 무상으로 나누어줄 수 있었고, 직원들은 적은 급여를 받고도 열정적으로 일하며 재능과 혼(魂)을 다 바쳐서 회사를 위하여 헌신하였으니 서로 주는 일을 즐긴 것이다.

그때 여러 사람들은 말렸다. "왜 지분의 절반을 무상으로 주느냐? 경영권이 확보되기가 어렵다."

나는 말했다. "지분이나 경영권이 중요한 게 아니다. 알찬 회사를 만드는 일이 더 중요하다." 마음을 비우고 해본 즐거운 도전이 작은 성취로 나타났다.

아울러 조은시스템, 조은세이프의 증자에 참여함으로써 모두 경쟁력을 갖춘 탄탄한 회사로 성장시킬 수 있는 계기가 되었다.

그게 계기가 되어 연관되었던 4개의 대학, 10개의 장애인 시설, 몇 개의 사회단체 등에 50억 원 정도를 기부하였다. 널리 알려지는 것을 꺼린 이유는 모르는 채로 지내고 싶었고 또 나의 소신이 "나는 이름 알리는 사람은 되고 싶지 않다. 실력 있는 사람이 되고 싶다."는 것이었기 때문이다. 미약한 사람이 사랑을 나누어줄 수 있었던 여건에 감사하고 있다.

임직원의 주주화를 창업 당시부터 생각하셨다는데 어떤 효과가 있었을까요?

창업 당시 작게라도 임직원들에게 아무런 조건 없이 회사 지분을 나눠주었던 것은 지금 생각해도 현명한 판단이라고 생각한다. 결국 이것이 동기부여가 되었기에 직원들이 매사에 최선을 다했던 것이다. 투자 유치 역시 마찬가지였다. 3.3배로 투자하겠다는 사람을 사양하고 액면가 참여자 중 비전 있는 투자자를 참여시킨 것이 이후 성공의 바탕이 되었다. 이 두 가지는 단기적 관점에서 보면 손해라고 볼 수 있으나 마침내는 큰 이익을 가져다

준 결과가 되었다.

이렇듯 주고받기 원리는 개미와 진딧물의 관계처럼 공생의 순리를 따른다. 자기 의도를 관철하고 과제를 성사시키려면 상대방이 원하는 조건이나 요구를 받아주려는 노력이 있어야 한다는 뜻이다. 이 주고받기의 원리는 인류역사상 동서양을 막론하고 고금을 초월하는 불변의 진리이다. 유한양행의 창업자 유일한 회장이 서거하신지 53년이 지났는데 지금의 경영진이 회장 제도를 부활시키려는 의도가 여러 비판을 받는 상황을 임직원 주주화의 모범으로 보고 주시하고 있다.

경쟁력을 키우기 위하여
어떤 사람들을 가깝게 해야 할까요?

만나는 모든 사람이 특별한 인연이며 이를 가꾸고 좋은 인연으로 이어가는 노력이 꼭 필요하다. 친구, 동료, 후원자, 투자자, 성원하여 주신 분들이야말로 소중한 자산이다. 파트너와 제휴 협력(개인 기업 사회)을 이루는 관계도 상대방 이익을 챙길 수 있어야 오래 탄탄하게 이어진다고 본다.

이젠 새로운 영역의 전문가를 찾아서 교분을 나눠야 하지 않을까?

변화하는 세상을 주도적으로 이끌어 가는 사람들을 가까이 하며 교분을 나눈다면 늘 활력을 주고받을 수 있을 것이다. 특히 인공지능, 챗GPT, 로봇이나 드론, 블록체인처럼 시대가 요구하는 일을 즐기는 사람을 밀접하게 가까이 한다면 미래를 준비하고 활용하는 데 많은 도움이 되지 않을까? 최근에 나는 AI 비즈니스 전문가 과정을 수료하고 전문가 자격증을 받으며 함께 공부한 학우들과 공부 모임을 만들어서 참여하고 있는데 기업인, 회계사, 변호사, 예술인 등 각계각층의 인맥을 새로 사귀게 된 행운이 있었다.

능력도 중요하지만 인성이 바른 사람, 신뢰가 쌓이는 사람이 소중한 사람이다. 신뢰는 모든 관계의 기초가 아닐까?

어떤 사람들을 만나야 할까요?

사람들은 무수한 인연을 맺고 살아간다. 그 인연 속에 고운 사랑도 엮어가지만 그 인연 속에 미움도 엮어지는 게 있다. 고운 사람이 있는 반면, 미운 사람도 있고 반기고 싶은 사람이 있는 반면. 외면하고 싶은 사람도 있다.

고운 인연도 있지만 피하고 싶은 악연도 있다.

반가운 사람을 만날 때는 행복함이 충족해온다. 나에게 기쁨을 주는 사람이 있는가 하면 나에게 괴로움을 주는 사람도 있다.

한번 만나면 인간미가 넘치는 사람이 되면 어떨까?

진솔하고 정겨운 마음으로 사람을 대한다면, 나는 분명 좋은 사람으로 인정을 받을 것이다.

이런 사람이야말로 다시 만나고 싶은 사람이 아닐까? 이런 사람이야말로 다시 생각나게 하는 사람이 아닐까 언제 만나도 반가운 사람으로 살아간다면 우리는 아름다운 관계를 가질 것이다. 고마운 사람으로. 사랑스러운 사람으로. 언제 만나고 헤어져도 다시 만나고 싶은 그런 사람이 되면 서로 오랜 우정을 이어가지 않을까?

만나지 말아야 할 사람도 있을까요?

나는 지식생태학자로 명성이 높은 유영만 교수와 20여 년째 교분을 이어 오고 있다. 미래준비재단의 대학생 멘토 그룹에서 멘토를 하며 만나서 오랫동안 발랄하고 새로움을 안겨주는 그의 안목을 받아 내 것으로 만들고 있다. 지난 달 100권째 책 『코나투스』를 발간하여 축하해준 기쁨이 있었다. 『이런 사람 만나지 마세요』라는 그의 책에 다음과 같은 구절이 있다.

"필요할 때만 나타나 필요한 걸 부탁하면 필요한 걸 얻을 수 없다. 촌음을 다퉈서 해결하지 않으면 안 되는 시급(時急)한 사안이 있거나 아니면 위급(危急)한 상황에 펼쳐져 다급(多急)할 때 필요한 걸 부탁해서 다급한 걸 해소하고 나면 초미지급(焦眉之急)한 일이 없어져서 당분간 마음이 편안해진다.
부탁했을 당시 상황의 긴박성은 사라지고 부탁받은 사람의 특급(特急) 처방전도 기억에서 가물가물해지면 부탁받은 사람이 다시 언급(言及)하지 않으면 응급(應急) 상황에 처해서 부탁했던 사안들은 역사의 뒤안길로 사라진다.

관계는 이런 것이다. 시간이 지난 어느 정도 후에 자신이 범한 인간적 실례를 후회막급(後悔莫及)해도 신뢰는 회복되기 어려워진다.

필요한 시기에 나타나 필요한 걸 부탁하고 필요한 걸 충족하고 사라졌다 다시 필요한 게 생겨서 필요한 걸 부탁하면 필요한 걸 얻을 수 없다."

네트워크를 잘 유지하는 사람들은 어떤 비법이 있을까요?

우선 은혜를 잊지 않는 사람들은 오랜 기간 좋은 교분을 유지하게 된다. 대부분은 도움을 받고 잊어버리고 지내다 또 도움을 받으려고 찾아가면서 서로 실망하고 멀리하는 관계로 변화되는 경우를 많이 본다. 의리를 지키는 일도 정성이 필요하니 인간관계는 농사의 과정과 유사하지 않을까? 밭 갈고, 씨 뿌리고, 물 주고, 거두고 또 새로운 씨앗을 준비하는 정성이 꼭 필요하다. 현명한 분들은 인생의 지혜에는 씨앗의 법칙이 있다고 말한다.

농사를 짓는 일 자체가 네트워크를 만드는 원리와 유사하다고 말한다.

원리는 단순하다.

먼저 뿌리고 나중에 거둔다. 거두려면 먼저 씨를 뿌려야 한다. 원하는 것을 얻으려면 먼저 주어야 한다. 인과응보처럼 원인을 지어야 결과가 생기는 것이다. 모든 일에는 시작이 있어야 끝이 있는 법이다. 집을 2층부터 짓는 방법은 없다.

뿌리기 전에 밭을 갈아야 한다. 씨가 뿌리를 내리려면 준비가 되어 있어야 한다.

상대에게 필요한 것과 제공 시기 및 방법을 파악하라. 밭을 갈지 않고 심으면 싹이 나도 뿌리를 내리기 힘들고, 싹이 난 후에 밭을 갈려고 하면 뿌리를 다칠까 손대기 어렵다.

시간이 지나야 거둘 수 있다. 어떤 씨앗도 뿌린 후 곧 바로 거둘 수는 없다. 무슨 일이든 시작했다고 해서 즉각 그 결과가 있기를 기대하지 마라. 음식점 장사도 한 자리에서 1년은 열심히 해야 성패를 알 수 있고, 글씨나 그림도 3년은 열심히 배워 봐야 소질이 있는지 알 수 있다.

뿌린 씨가 전부 열매가 될 수 없다. 10개를 뿌렸다고 10개 모두에서 수확을 할 수는 없다. 모든 일에 성공만 있기를 기대하지 마라. 주식도 5종목 사서 2종목 올랐어도 총체로 플러스 났으면 잘 살 것이고 세상에서 나를 좋다는 사람이 열에 일곱만 되면 당신은 괜찮은 사람이다.

뿌린 것보다는 더 많이 거둔다. 모든 씨앗에서 수확을 못해도 결국 뿌린 것보다는 많이 거둔다. 너무 이해타산에 급급하지 마라. 인생은 길게, 그리고 크게 보아야 한다.

알몸으로 왔다가 옷 한 벌은 입고 간다 하질 않았던가.

콩 심은데 콩 나고 팥 심은데 팥 난다. 선을 행하면 상으로 돌아오고 악을 행하면 벌로 돌아온다. 악을 행하는 것보다는 아무 것도 하지 않는 것이 낫다.

이왕에 심으려거든 귀하고 좋은 씨를 가려서 심어라. 그러나 그보다 더 좋은 것은 세상에 유익한 것을 심는 것이다.

종자는 남겨 두어야 한다. 겨울에 아무리 굶주리더라도 내년에
뿌릴 종자씨는 남겨야 한다.

이민규 『끌리는 사람은 1%가 다르다』 중

경쟁력을 높이기 위한 어떤 노력이 중요할까요?

나는 2개의 지주(支柱)가 있었다. 미치광이처럼 전력을 다한 여
정이 있었고 삼다(三多)를 사랑하였다.

미치광이는 군에서 주로 작전참모 등 작전 분야에서 근무하며
훌륭한 상관들을 만나 중요 야전교범 3권을 거의 외워서 활용할
수 있었고 열정과 혼을 바쳐 일을 즐길 수 있었다. 사랑 받았을
까? 견제를 많이 받았을까?

비육사 출신의 비주류로 사랑을 듬뿍 받았다. 성공 못했지만
보람을 느끼며 군부대에 가끔 특강 가면 군에서 가장 성공한 사
람은 계급의 높이가 아닌 얼마나 군을 사랑했느냐가 성공의 척
도라는 가치관을 가지고 있다는 주장을 통하여 공감을 얻기도
하였다.

지금도 언제나 나라를 위하여 죽을 때까지 마음 주고 기도하
고 있는 역전의 용사로 자부심을 가지고 있다.

286 PC가 처음 나왔을 때 청주 작은 농가에 살며 DOS 명령
어 260개를 혼을 다 바쳐 외우고 활용할 수 있었고, 최초의 IBM
노트북이 나온 날 첫 번째로 구입하여 생산성 본부에서 IT 공부

하며 익힐 수 있었던 행운이 미치광이로 살아온 감사할 조건이 아닐까? 월남전 당시 헬기 연락장교 때 얻은 난청으로 외국어 공부에 어려움이 있었지만 10년 동안 매일 6시에 영어, 중국어 등 외국어 학원에 가서 공부하고 출근했던 열정이 있었는데 이제 거의 활용 못하고 인생을 마무리 지어야 해서 아쉬운 마음이다.

삼다(三多)를 사랑해왔는데 워라밸을 외치는 젊은이들이 공감할까요?

공감하지 않을 사람도 많을 것이다. 어느 멘티는 이 책의 대화를 MZ 세대가 싫어할 내용이라며 쉽게 납득이 안 될 것이라고 하였다. 그러나 이런 조언을 들을 수 있어야 좋은 리더가 된다고 다그치며 얘기해주고 있다. 평범하게 안일하게 세상을 살면서 리더가 되고 다른 사람들을 이끌어 나가는 삶을 살 수 있을까? 더 노력하고 더 즐기며 더 좋은 미래를 준비하려면 어떤 노력을 해야 할까?

'삼다(三多)'는 내게 '인생의 작은 지표'이다. 일도 많이 하고 꾸준히 노력하고(다노, 多勞·努), 항상 배우고(다학, 多學) 뭐든지 줄 수 있는(다시, 多施) 자기 사랑 방정식을 말한다.

실제로 21년간의 군 생활, 11년간의 금융권에서의 경험, 그 이후 기업을 창업한 경영인으로 활동하면서 삼다(三多)가 나에게 역동적인 힘의 바탕이 되는 경우가 많았다. 늘 새로운 것을 꿈꾸고 도전하게 만들었다.

　여러분도 실천해보면 어떨까? 무슨 일이든지 즐기면서 한다면 재미있는 여정이 될 것이다.

　다노(多勞·努)는 많이 일하고 노력하는 것이다. 우선 우리는 주 40시간이나 52시간을 생각할 수 있다. 일에도 질과 양이 있다. 집중하여 노력한다면 좋은 성과를 얻지 않을까? 밤을 새워 일하고 새벽의 신선한 공기를 느끼는 희열을 얘기한다면 인권이나 노동을 모른다고 얘기할까? 지금도 어느 공장에서든 연구소에서든 또 용인의 기업 연구소나 실리콘밸리 벤처기업 등 세계 곳곳에서 다노를 즐기는 사람들이 있으므로 세상이 발전해 가고 있다고 믿는다.

　다학(多學)은 많이 공부하라는 것이다. 나는 뛰어나지도 못하고 늘 부족했다. 창업을 전후로 경영자 과정이나 학습 기회가 생길 때마다 서강대 등 최고경영자 과정을 14곳 정도 다니면서 뒤처지지 않기 위해 노력했다. 지금도 도전과 나눔 재단에서 운영하는 기업가 정신포럼이나 책인물(책으로 인생을 물들이다) 포럼에 매월 나가서 토론과 학습에 참여하고 있다. 인문학이나 경제, 사회, 역사, 문학, 과학 등 매주 한 두 권의 책을 읽어왔다. 새로운 세상을 터득하는 것, 인공지능, 빅데이터, 드론이나 로봇 등 4차 산업에 연관된 지식을 습득하는 모든 학습이 즐거움 그 자체이기도 하다.

　다시(多施)는 많이 주는 것인데 봉사와 헌신이 소중하다. 인간이 세상을 살면서 자기만, 자기가족만을 위하여 살아간다면 그게 인간다움일까? 농경사회에서는 공동체 의식이 중요했다. 힘을 합쳐서 농사를 돕고 함께 어울려서 힘든 일을 해 나갔다. 우리 문화의 자랑이기도 하였다. 우리 주변에 자기가 이룬 작은 성취라도 나누는 사람들을 보면 경건한 마음으로 바라본다. KMA-Wharton CEO 과정, SLA(Smart Business Leadership Academy) 과정 등 내가 회장이나 원장으로 봉사하였을 때 사회봉사팀을 만들어서 장애 시설이나 노인의 집, 노숙자들을 위한 봉사를 하는 즐거움을 체득하고 동역에 함께한 원우들을 존경하고 있다. 그 자체가 보람이며 인간다운 삶이 아닐까?

삼다를 실천하며 보람 있었던 사례가 있을까요?

일하는 모든 과정이 보람이며 긍지였다. 삼다(三多)를 사랑하는 사람의 숙명일까? 설이나 추석에 "명절 잘 보내십시오." 하는 인사를 받으면 아무 사고 없이 경비보안 업무 잘하라는 인사로 받아들인다. 명절이면 나는 이명근 대표와 함께 연휴 기간 비상 대기에 들어간다. 명절이나 공휴일은 임직원들이 긴장하고 전력을 다하여 근무하는 기간이기도 하다. 군인으로서도 마찬가지였지만 창업 이후 은퇴할 때까지 27년 동안 명절에는 항상 사무실에 나와 있거나 현장을 방문해서 근무하는 직원들에게 "여러분의 헌신이 고객들을 평안하게 한다. 빈틈없이 해주기 바랍니다." 라고 격려하였다. 지금처럼 휴대전화를 모두 가지고 있지 못한 시절의 습관이었는데 비상 상황에 대비하여 사무실로 나와 근무하였다. 명절 근무는 공항 등 중요 시설에서 밤낮 없이 경비보안을 담당하는 4천여 명의 임직원들에 대한 도리라고 여기기도 하였지만 우리를 믿고 명절을 보내는 수만 명의 고객들이 안심하고 쉴 수 있도록 하는 기본 배려이기도 하다.

다른 사람들이 푹 쉴 때 일하는 즐거움도 비견할 수 없는 보람으로 다가온다.

미쳐라. 집중하라는 얘기를 자주하시는데
경험담을 듣고 싶어요.

미쳐본 사람들은 거의 성공한다. 미쳐보지도 열심히 해보지도 않고 좋은 성취를 바라는 사람들을 어떻게 생각해야 할까? 결과와 관계 없이 노력하는 과정 그 자체도 소중하다.

나는 네 번 미쳤었고 한 번 더 미칠 준비를 하고 있다.

50여 년 전에 바둑에 미쳤었다. 책 여러 권의 기보를 거의 외우고 혼자서 놓아보고 분석하곤 했다. 프로 기사에게 매일 한 판씩 배우고 두며 복기를 통하여 실력을 향상시켜 나갔었다. 아마추어 유단이 되었고 지금은 시간이 아까워서 잘 두지 않지만 몇 달에 한 번씩 프로 사범과 지도 대국을 한다. 무슨 일을 해도 '하면 된다'는 자신감이 생긴 요인이 되었다.

그리고 80년대 중반, 컴퓨터가 나왔을 때 컴퓨터에 미쳤었다. DOS 시스템의 명령어를 외우지 않으면 실행이 안 되던 286 PC

시절, 두꺼운 DOS 시스템 책을 외우다시피 했다. 재미있었다. 40대 중반의 나이에 새로 나온 컴퓨터를 배우려고 시골의 작은 학원에 다니며 노력했던 옛날을 생각하면 아련한 정감이 맴돈다.

우리나라에 처음으로 IBM 노트북이 나왔을 때 첫날 첫 노트북을 샀었던 일을 생애 최고의 자랑으로 삼고 있다. 그때 노트북 가격이 285만 원이었는데 내가 은행에서 부장으로 받은 월급이 92만 원이었다.

청주에 살면서 서울까지 그걸 메고 몇 년간 다니면서 생산성 본부의 MIS 과정, 전경련에서 처음 개설한 E-Business 과정에서 컴퓨터와 인터넷을 배웠다. '잡코리아'라는 인터넷 회사를 창업할 수 있었던 것도 그때 배운 어설픈 실력을 활용할 수 있었기 때문이다. 이런 학습이 내게 자랑으로, 보람으로 다가왔다.

기회가 된다면 고고학이나 인류학 같은 공부로 미쳐보고 싶기도 하다.

영업 분야에서 실적을 많이 올리셨다는데 비법이 있었을까요?

여러분이 들으면 생소할지 모르겠지만 보험회사 법인 영업부장으로 있을 때 매주 화요일과 금요일에는 아침 5시 첫 버스로 청주에서 서울에 올라와 영업을 했다.

사무실과 집 구석구석의 잘 보이는 여러 곳에 잠재 고객 명단을 붙여놓고, 이와 병행해서 노트북에 인맥 관리 프로그램을 활용하면서 고객과 연관된 필요한 자료를 정리했다. 특별히 '고객에게 도움이 될 수 있는 여건을 만들어 제안하고 실행하는 일'에 치중했다. 고객의 이익 창출을 위한 방안을 찾아 함께 상의하며 뛰어다니고 저녁에는 컴퓨터를 배웠다. 끝나면 밤 10시가 넘었다.

야간열차를 타고 조치원에 내려 합승을 타고 청주에 돌아오면 새벽 1시가 되곤 했지만 너무 재미있는 여정이었다.

그 당시 한 해에 250억여 원 규모의 단체 보험을 유치하는 성과를 올리기도 하였다. 영업의 비법은 고객의 이익을 먼저 배려하는 노력이다.

학습은 평생 이어질 수 있을까요? 현실적으로 가능할까요?

내 친구들을 예로 들고 싶다. 공부도 잘하여 수재라는 소리를 듣던 친구들, 명문 대학을 나와 고시에 합격하여 고위직에 있었던 친구들, 노력하지 않고 그 경력 하나로 지금까지 살아온 친구들을 본다. 세상이 변화하고 크게 발전한 현실에 잘 적용하며 살고 있을까?

가난해서 공부에 뒤처졌거나 생활이 어려워 학업이 어려웠던 친구들이 평생 공부에 노력하고 지금 여러 방면에서 실력을 발휘하고 인생을 즐기며 다른 사람들을 성원하는 삶을 살고 있는 것을 본다. 이제 평생 학습이 보편화하지 않을까? 또 세상이 변하는데 과거에만 안주하고 있는 친구들을 보는 경우가 있는데 여러분의 미래는 늘 즐기면서 일정이 허락한다면 자기 연찬을 지속하여 진정으로 가치 있는 인생을 살기를 권유한다.

"자기 발전을 위해 어떤 노력을 하십니까?" 여러 사람들이 내게 묻는다. "아무리 바빠도 매주 책 한 두 권은 읽어요. 가끔 교보문고에 가서 눈빛이 빛나는 젊은 사람들을 보면 활기 넘치는 에너지를 느끼지요." 만나는 모두에게 권유한다. 책 보는 습관을 가지면 머리도 맑아지고 미래에 대한 안목도 갖게 된다. 업무에도 정통하고, 일도 즐기고, 남도 도와주고, 배우는 일에 최선을 다한다면 얼마나 멋있는 사람들일까? 스스로를 항상 부족한 사람으로 느끼며 학습 욕구를 충족하는 즐거움을 느껴보자. TV는 바보상자라는 옛말처럼 습관적으로 보는 일은 자제하면 어떨까?

스마트폰에 중독되어 있는 젊은 청년들에게 간절하게 조언하고 싶다. 스마트폰에 거리를 두는 지혜를 터득하고 일정한 시간을 정하여 책도 많이 읽고 주변을 돌아보는 봉사나 사회 기여도 즐긴다면 여러분들의 삶이 얼마나 알차게 성숙해질까?

프로가 되어야 한다고 강조하시는데 프로는 누구일까요?

프로는 '일을 중심'으로 움직이는 사람이다. 아마추어는 '시간을 중심으로' 움직이는 사람이 아닐까? 프로는 남다른 차별화된 역량을 키워서 자기 영역을 개척하는 사람이다. 또 프로는 결과로 말하고 결과에 책임을 지는 사람이다.

프로는 조직을 사랑하고 조직에 기여하기 위하여 최선을 다하며 말이 없다. 자기가 이룬 결과로 승부하며 디테일에 강하고 주위에 활력을 부여하는 사람이다. 프로가 되어야 세상을 역동적으로 살아가는 지혜를 터득할 수 있다.

끝없는 자기계발을 하며 약점을 보완해가며 확실한 능력을 갖추고 전문적인 식견을 발휘할 수 있다면 프로가 아닐까? 이제 국가, 지역, 계층의 경계가 없어지는 활동 영역을 갖는 여건에서 프로로 살아가는 역동적인 미래를 만들어야 한다.

자기계발을 통하여
좋은 영역을 구축한 사례들을 알고 싶어요.

이갑진 박사는 보안 전문가이다. 육군에서 사이버보안, 문서보안, 시설 보안을 담당하며 보안 부대의 전문가로 성장하였다. 자신의 실무와 학구적인 지식의 결합을 위하여 보안 연관 학업을 지속적으로 해온 프로이기도 하다.

군에서 자신의 업무에만 매달려 안주하고 있었던 선후배들 틈에서 부단히 자기계발과 연관되는 공부를 지속하여 사이버보안 분야에서 박사 학위도 받고 강의도 하면서 이 분야에 권위자로 성장하고 있다. 나는 그가 육군에서 3사 출신의 비주류였으나 실력과 인품이 출중하여 장군 승진을 기대하였었다. 아쉬운 좌절

이후에도 오히려 산업체와 국가 보안 분야에서 큰 헌신을 하고 있다. 그가 워라밸만 외치고 있었다면 가능했을까?

민명기 대표는 변호사다. 약간 괴짜 기질이 있는 그는 법률 서비스보다는 사업에 관심이 많은 청년이었다. 장사가 적성에 맞다는 생각으로 대학에서 경제나 경영학 공부를 하였다.

그러나 세상을 살아가려면 어떤 자격증이나 경쟁력을 갖추어야 한다는 생각이었다고 한다. 그래서 그는 안정적인 직업 하나는 가져야겠다는 마음에 사법시험에 응시하고 합격하였다. 하지만 사업에 대한 열정은 그를 놓아두지 않았다.

연수원을 휴학하고 장사 준비를 계속 하였지만 여건상 포기하고 다시 연수원으로 돌아왔다. 유명 로펌에 들어갔지만, 사업에 대한 열정은 다시 그의 마음을 움직였다. 결국 자신이 제일 잘 아는 '법률'과 자신이 가장 하고 싶은 '사업'을 함께할 수 있는 법률 플랫폼 업체인 '로앤굿'이라는 회사를 창업하게 되고, 좋은 결실을 맺고 있다. 일반 고객들과 변호사들 모두 상생하는 인터넷 서비스를 통하여 누구나 쉽게 로펌을 이용하고 특히 법률 서비스를 받기 어려운 사람들에게도 도움을 주는 인공지능 시대의 진정한 도전자가 되어 미래의 그의 성장이 기대되고 있다.

괴짜를 선호하신다는데 괴짜는 어떤 사람들일까요?

남이 하는 평범한 방식으로 살아간다면 좋은 성취는 어렵다고 본다. 비범한 삶을 살아야 리더가 될 수 있다. 리더가 안 되면 어때? 하면 방법은 없다. 그냥 그대로 살아가면 된다. 세상을 가꾸고 좋은 가치를 만들기 위해 괴짜로 살아가면 어떨까? 세상의 변화를 이끌어온 역동적인 미래를 만드는 사람들은 주로 괴짜였다.

톰 피터스는 '괴짜 신봉론자'이다.

본인 스스로도 자신을 '괴짜'라고 부르는데 그가 이렇게 주장하는 이유는 괴짜가 되지 않고는 진정한 혁신과 창조를 이루어내기 어렵기 때문이다.

톰 피터스는 미래에 필요한 인재는 한마디로 '슈퍼 인재'이며 이들은 '괴팍한 생각을 갖고 실천으로 옮기는 괴짜'라고 말한다. 자신조차 1984년까지 매킨지에서 배운 『대기업 관련 이론과 관행』이라는 틀에 묶여 있었다고 고백한다.

하지만 30분 내 배달로 유명한 도미노피자의 설립자 톰 모너핸, 천연주의를 표방한 더바디숍의 설립자 애니타 로딕을 만나면서 자신 역시 괴짜로 변하게 되었다고 회고한다. 그는 이들처럼 세상을 바꾸겠다는 열정을 가지고 세상을 바꿔 나가고 있는 이들이야말로 진짜 '괴짜'이자 '모험가'라고 말한다.

또한 그는 사람이란 교육 훈련을 받는다고 어느 날 갑자기 실패에 대한 두려움이 사라지고 모험심이 생겨나는 것이 아니라고 단언한다.

대신 "괴짜와 어울리면 괴짜가 되고, 바보와 어울리면 바보가 된다"고 말하면서, 세상을 바꾸겠다는 열정에 가득 찬 괴짜와 어울리다 보면 자연스럽게 자신도 그런 열정을 닮고 행동할 수 있게 된다고 주장한다.

그렇다면 톰 피터스가 성공한 괴짜들에게서 발견한 공통점은 무엇일까?

바로 'SAV(Screw Around Vigorously, 열심히 실패하면서 돌아다닌다)'이다. 결국은 여러 번 시도를 해서 실패를 해야만 거기에서 성공이 나온다는 것이다.

톰 피터스는 월마트의 설립자 샘 월튼의 성공 비결도 그가 실패를 두려워하지 않았기 때문이라고 강조한다. 또한 실패를 빨리 할수록, 성공이 빨리 찾아온다는 데이비드 켈리 교수의 말을 인용하면서 무엇인가를 실행으로 옮겨야 성공이든 실패든 성과를 낼 수 있다면서 괴짜론과 함께 행동론을 강조한다.

하지만 현실에서는 위험을 무릅쓰고 과감하게 행동하는 일이 쉽지 않다.

톰 피터스는 보통 리더들은 신기술을 찾으라고 직원들을 압박하면서, 오히려 기술 개발비를 줄이고 안전한 공급처를 찾으라는, 앞뒤가 맞지 않는 말을 직원에게 강요한다고 지적한다. 그래서 조직에서 진정한 변화와 혁신을 이루기가 힘들다는 것이다.

결국 톰 피터스는 "혁신이란 주위의 어리석음을 참지 못하는 사람들이 중심에 있고, 이런 사람들이 제대로 활약할 때 가능하다. 이제 기업은 '좋은 기업'에서 'Crazy한 기업'이 되어야 한다"고 주장한다.

바로 제정신이 아닐 정도로 열광적인 기업이 되어야 변화하고 혁신하여 살아 남을 수 있다는 것이다. 이와 관련해 그는 캐논의 CEO 미타라이 하지메의 말을 인용한다. "우리는 사람들이 미친 짓이라고 말하는 행동을 해야 한다. 사람들이 좋다고 말하면 이미 누군가가 하고 있다는 뜻이다."

서울 강연회에서도 그는 이런 연장선상에서 다음과 같은 주장을 폈다.

바로 벤치마킹을 하지 말고 '퓨처마킹'을 하라는 것이다.

이 말의 참뜻은 벤치마킹 자체를 하지 말라는 것이 아니다. 제대로 벤치마킹을 하라는 것이다. 업계의 리더가 하는 것을 단순히 그대로 베끼는 벤치마킹은 남을 따라하는 모방밖에 되지 않는다는 것이다.

그는 벤치마킹의 모범 사례로 포드자동차가 델을 벤치마킹하고, 미 해군이 월마트의 공급사슬 시스템을 벤치마킹한 것을 예로 든다.

업종을 뛰어넘고 시대를 뛰어넘어 자사의 문제를 해결하려는 노력과 그런 모범 사례를 찾으려는 노력이 필요하다는 것이다.

그럼 그가 벤치마킹 대신 주장한 '퓨처마킹'이란 과연 무엇일까? 즉, 미래를 살고 이끄는 기업을 보고 배우는 것이라고 말한다.

우리 주변에는 면박을 두려워하지 않고 새로운 아이디어로 상사에게 도전을 하는 괴짜들이 과연 있는가? 바로 그런 괴짜들이 우리 기업의 '퓨처마크'를 만들 사람들이다.

강신장 대표 글

감사의 습관 (Habit of Gratitude)이 경쟁력의 요체다

미국 버지니아주에 가난한 모자가 살았다. 목사였던 아버지는 일찍 세상을 떠났고, 가난에 시달리는 어머니가 남의 집 세탁, 재봉, 청소 등으로 아들의 학비를 조달했다. 아들은 어머니의 눈물겨운 노고를 항상 감사하게 생각하면서 열심히 공부하여 프린스턴 대학에서 수석으로 졸업하게 되어 졸업생을 대표하여 졸업연설까지 하게 되었다.

감사하는 마음이 그를 우등생이 되게 한 것이다.

어머니는 수석졸업생인 아들의 명예에 오점을 남길까 염려하여 졸업식 참석을 꺼려했다. 아들의 간절한 권유로 겨우 졸업식에 참석하여 뒷자리에 쪼그리고 앉아 있었다.

아들은 연설을 마치면서 다음과 같이 말했다. "제가 이처럼 무사히 대학을 졸업하게 된 것은 먼저 하나님의 보호하심과 인도하심의 결과이며 또 나를 가르쳐주신 교수님들의 덕택입니다. 그리고 특별히 저 때문에 고생을 거듭하시면서 학비를 조달해주신 어머니의 은혜입니다."

"어머니! 감사합니다. 어머니의 은혜로 졸업하게 되었습니다. 이것은 제가 받을 것이 아니고 어머니께서 받으셔야 합니다."라고 말했다.

진정한 마음으로 감사를 표하는 아들의 모습을 보고 동석했던 청중들은 모두 기립 박수를 보냈다.

이 젊은이는 뒤에 변호사가 되었고, 모교인 프린스턴 대학에서 교수가 되었고, 1902년에 그 대학의 총장이 되었으며, 8년 후에 뉴저지주 지사가 되었으며, 다시 2년 후에 미국의 제28대 대통령이 되었다. 그가 바로 민족자결주의를 제의한 윌슨(Thomas Woodrow Wilson, 1856~1924) 대통령이다.

불평의 습관을 벗어버리고 감사의 습관을 키워야 한다.

진지하게 살아가는 사람들의 강점은 무엇일까?

완벽한 둥지를 만드는 새가 있었다. 다른 새들이 그 새에게 어떻게 하면 그렇게 완벽한 둥지를 만들 수 있느냐고 묻자, 그 새가 설명을 시작했다.

"먼저 진흙을 약간 모으는 거야." 그런데 설명을 듣고 있던 새 한 마리가 그 말이 떨어지기가 무섭게 "아, 이제 알겠다." 하더니 날아가 버렸다.

"그 다음에 풀을 깔고…" 이 말을 하자 또 한 마리가 "아, 알겠어!" 하며 날아가 버렸다. 설명이 한 단계씩 진행될 때마다 새들은 한 마리씩 "아, 이제 알겠다." 하고 날아가 버렸다.

설명을 하던 새가 이야기를 마치고 주위를 둘러보았을 때는, 한 마리도 남아 있지 않았다. 아프리카 민담에 나오는 이야기이다. 과연 설명을 듣던 새들은 돌아가서 완벽한 둥지를 지을 수 있었을까?

지난해에 화제를 모은 『생각하지 않는 사람들』이라는 책에서 저자 니콜라스 카(Nicholas Carr)가 지적한 것처럼 인공지능, 인터넷, 정보기술, 스마트 기기의 발달로 인해 사람들이 갈수록 깊이 생각하는 것을 싫어하는 것 같다고 한다. 위 이야기에 나오는 새들처럼, 진지하게 생각해보거나 치열하게 고민해보지 않으면서 좋은 비법을 터득할 수 있을까?

평범에서 비범으로 넘어가는 데 있어 가장 큰 걸림돌은 '진지함과 치열함의 결여'라고 한다. 대충 생각하고, 적당히 고르고, 고민 없이 행동해서는 결코 비범해질 수 없는 것이 아닐까?

성실하게 살아가면
확실한 경쟁력을 갖추지 않을까요?

인생에 있어서 '성실'은 우리가 걸어야 할 최선의 길이자 우리를 지켜줄 최고의 무기이며 성공의 정도(正道)가 아닐까? 1865년 앤드루 카네기가 설립한 철강 회사에 찰스 슈왑(Charles Schwab)이라는 사람이 정원 청소부로 취직했다. 슈왑은 정원만 청소하면 되었지만 공장 내부까지 말끔히 청소했고 관리자들의 눈에 띄어 직공으로 채용되었다. 그는 직공이 되어서도 여전히 성실했고 사무원으로 발탁되어서도 마찬가지였기에 카네기를 보좌하는 비서로 승진했다.

카네기의 비서가 된 슈왑은 종이와 펜을 들고 그림자처럼 늘 카네기의 뒤를 따라 다녔다.

그리고 마침내 슈왑을 지켜봐왔던 카네기는 머리 좋은 회사의 중역들을 제쳐두고 초등학교밖에 졸업 못했지만 변함없이 성실하게 일해 온 슈왑을 후계자로 지명하여 세상을 놀라게 했다.

카네기는 슈왑에게 경영권을 물려주며 이렇게 말했다고 한다. "자네의 성실과 근면의 정신적 바탕 위에서 이 회사는 성장하리라 믿네. 자네가 지식과 조언이 필요하면 박사, 석사 학위를 가진 자들을 채용하면 되니 그 점은 염려 말게."

성실은 학력이나 지식보다 값지고, 성실보다 나은 지혜는 없다. 세상은 영리한 사람들이나 영웅들에 의해서만 변화될 것 같지만 슈왑처럼 한결같이 성실한 이들에 의해서도 변화된다.

성실(誠實)이라는 단어는 '정성을 들여 열매를 맺는다.'라는 뜻이다. 한결같은 마음으로 열과 성을 다해 해야 할 일 그리고 세상에 빛과 소금이 되는 일을 꾸준히 묵묵히 행할 때 반드시 열매를 맺음을 기억해야겠다.

4

성공과
행복은

운과
실력의
합작품이다

삶은 운이 결정한다고 믿는 사람들이 많다.
운(運)은 무엇일까? 하늘의 기운일까?
우리 삶에 예측할 수 없는 우연한 사건이나
상황을 의미한다고 말한다.
우리가 처한 우연한 사건이 표출된 것일까?
적응하고 대처하는 능력까지 포함한다는데
운이 좋으면 성공과 행복을 누리고
나쁘면 실패와 불행을 겪는다는 운의 존재에 동의할까?
지금 돌이켜보면 수많은 우여곡절을 겪었다.
꿈이 변했을까? 세상의 변화에 휩쓸렸을까?
운이 작용했을까? 실력이었을까?

'모든 것이 나로부터 시작이다'라는 말이 있다.

어릴 때는 나보다 중요한 사람이 없고, 나이 들면 나만큼 대단한 사람이 없고, 늙고 나면 나보다 더 못한 사람이 없다고 한다.

돈에 맞춰 일하면 직업이고 돈을 넘어 일하면 소명이며 직업으로 일하면 월급을 받고 소명으로 일하면 선물을 받는다고 한다.

칭찬에 익숙하면 비난에 마음이 흔들리고 대접에 익숙하면 푸대접에 마음이 상한다는데 문제는 익숙해져서 길들여진 내 마음이 아닐까?

집은 좁아도 같이 살 수 있지만 사람 속이 좁으면 같이 못 산다고 하며 내 힘으로 할 수 없는 일에 도전하지 않으면 내 힘으로 갈 수 없는 곳에 이를 수 없다.

사실 나를 넘어서야 이곳을 떠나고 나를 이겨내야 그곳에 이른다. 지옥 만드는 방법은 간단하다. 가까이 있는 사람 미워하면 된다. 천국 만드는 방법도 간단하다. 가까이 있는 사람 사랑하면 된다.

모든 것이 다 가까이에서 시작되며 상처를 받을 것인지 말 것인지 내가 결정한다. 상처를 키울 것인지 말 것인지도 내가 결정한다. 상처를 지킬 것인지 말 것인지도 내가 결정한다.

그 사람 행동은 어쩔 수 없지만 반응은 언제나 내 몫이다. 산고를 겪어야 생명이 태어나고 꽃샘추위를 겪어야 봄이 오고 어둠이 지나야 새벽이 온다.

거칠게 말할수록 거칠어지고 음란하게 말할수록 음란해지고 사납게 말할수록 사나워진다. 결국 모든 것이 나로부터 시작되는 것이다.

경쟁하면서도 배려하며
살아가는 넉넉함을 실행해야

누군가를 배려한다는 것은 가진 자들의 베풂도 아니고, 건강한 사람이 아픈 이에게 주는 도움도 아니다. 상대에 대한 배려는 나보다 남을 먼저 생각해주고 맞추려 하는 나의 희생이 아닐까?

아프리카 반투족의 말 중에 '우분투'를 들어보았을까? '내가 너를 위하면 너는 나 때문에 행복하고 행복해하는 너를 보면 난 두 배나 행복해질 수 있다.' 즉, 우리 모두는 내가 아닌 너로 인해 행복하다는 의미이다.

'우분투'라는 말은 어느 인류학자의 실험으로 유명해졌다고 한다. 나뭇가지에 사탕과 과자를 한 바구니 달아 놓고 가장 먼저 달려간 아이에게 상으로 준다고 했는데 출발 신호를 했을 때 놀라운 광경을 보게 되었다.

아이들은 모두 약속이나 한 듯이 서로의 손을 잡으며 함께 달리기 시작했고, 바구니에 다다르자 모두 둘러앉아 즐겁게 나누어 먹기 시작했다고 한다.

인류학자는 먼저 도달한 아이에게 주려했는데 왜 모두 함께 뛰었니 하고 묻자 아이들의 마치 기다렸다는 듯이 '우분투' 하며 합창을 했다.

한 아이가 "혼자 먼저 닿으면 나머지 아이들이 모두 슬플 거예요. 그 모습을 보면서 어떻게 나만 기분이 좋을 수 있을까요?"

인류학자는 그 아이들에게서 삶의 철학을 배웠으며 널리 퍼뜨려 알리게 되었다. 함께 있는 우리 속에 내가 있고 그래서 모두 함께 행복해야 더불어 나도 행복해진다는 생각은 자기 주위적인 현 시대에 사는 우리들에게 필요한 메시지이기도 하다.

경쟁력은 누구에게나 필요하다. 경쟁력을 갖추고 자신의 내공을 쌓고 에너지 넘치는 삶 속에서 다른 사람들을 이끌어 나가는 미래를 갖는다면 얼마나 가치 있는 인생일까? 실력과 인품은 자기계발과 겸손이 필요하다. 좋은 네트워킹은 손해 볼 줄 알고 은혜를 잊지 않는 의리가 소중하며 보이지 않는 힘으로 다가와 우리에게 역동적인 미래를 갖게 할 것이다.

인연(因緣)은 무엇일까요?

인(因)은 직접적이며 연(緣)은 간접적인 원인이라고 한다.

인(因)은 사람의 힘으로는 어쩔 수 없다고 한다. 목화를 심으면 목화가 피고, 제비꽃을 심으면 제비꽃이 피는 것처럼.

그러나 연(緣)은 다르다고 한다. 좋은 땅인가 나쁜 땅인가? 물을 많이 주느냐, 적게 주느냐에 따라서 꽃이 활짝 피기도 하고 시들기도 하며 심지어 아예 피어나지 못할 수도 있다.

인연에 인(因)과 연(緣)이 있듯이 운명에도 운(運)과 명(命)이 있다고 한다.

노력 여하에 따라 운(運)이 좋은 사람이 운(運)이 나쁜 사람보다 어려울 수도 있고 운(運)이 나쁜 사람이 운(運)이 좋은 사람보다 쉬울 수도 있다는 뜻이 아닐까? 앞날을 약간 예측할 수는 있지만 모두 예측할 수는 없다.

길은 많다. 반드시 곧고 넓고 반듯한 길을 찾아야 하지 않을까?

삶은 보이지 않는 힘에 움직인다는데 어떤 생각인가요?

삶이란 선택의 연속이라고 말한다. 한 생애 사는 동안에 우리는 수없이 많은 선택의 갈림길에서 갈등을 겪는다.

이 길을 선택하면 과연 옳을지, 아니면 저 길을 선택해야 현명할지, 명확하게 판단하지 못할 경우가 많다.

하나의 선택을 함으로써 얻는 결과를 미리 예측하고 가늠하여 올바른 선택을 하기란 생각처럼 쉽지만은 않다. 우리가 하는 선택이 항상 올바르고 현명한 선택일 수는 없지만, 최선의 선택이길 바라는 마음은 누구나 마찬가지이다.

살다 보면 분명히 옳지 못한 선택임을 알면서도 선택해야 하고, 가지 말아야 할 길임을 알면서도 어쩔 수 없이 가야 할 경우도 있다. 비록 가지 말아야 할 길을 가게 되더라도 그 여정에서 겪는 아픔과 시행착오를 통해 우리는 많은 지혜와 깨달음을 얻는다.

선택의 연속인 우리의 삶에 비록 오늘의 선택이 잘못한 선택일지라도 그 잘못을 밑거름으로 삼아, 가야 할 올바른 길을 깨닫고 내일의 현명한 선택에 도움을 얻게 된다.

선택 앞에 자유로운 우리 삶이지만 항상 올바른 선택을 할 수 있도록, 마음을 비우고 욕심을 버리며 겸허히 세상을 바라볼 수 있는, 지혜롭고 현명한 마음의 눈을 가지면 좋은 운이 함께하지 않을까?

운(運)은 어떻게 구분할까요?

운은 세 가지가 있다고 한다. 하늘과 땅 그리고 사람, 세 가지의 운(運)이 있다고 한다. 그것은 바로 천운(天運), 지운(地運), 인운(人運)이라는데 천운(天運)은 하늘이 정해준 운으로 내 부모가 아무개라는 것, 어느 나라에 태어나느냐? 내 성별이 남자 혹은 여자라는 것 등 바꿀 수 없는 운을 말한다고 한다. 지운(地運)은 그림이나 연기, 노래 등 타고난 재능을 말하고 인운(人運)은 언제 어디서 누구를 만나느냐에 따라 달라진다는데 보이지 않는 힘의 소산이 아닐까? 나는 하나님의 역사로 믿는다.

아무리 천운과 지운을 잘 타고 났어도 마지막 인운(人運)에서 그르치면 삶이 힘들어진다고 한다. 인운(人運)은 사람 복을 말하며 인생에서 어떤 사람을 만났고 그 사람이 내 인생에 도움이 됐는지 안 됐는지는 인운(人運)으로 정해진다고 한다.

인운(人運)은 인간의 힘으로 바꿀 수 있다고 하며, 인운(人運)을 풍요롭게 가꾸기 위해서는 천운(天運)과 지운(地運)을 탓하거나 원망해서는 안 된다고 한다.

부모를 탓하고 시대를 탓하고 직장을 탓해서 해결되는 것은 없으며 부모와 시대를 탓하는 것은 자신의 근본을 부정하는 것이 아닐까?

설사 시대와 부모에 치명적인 문제가 있더라도 이를 탓하지 말고 좋은 방향으로 승화시킨다면 더 좋은 미래가 있지 않을까? 자신이 몸담고 있는 직장을 불평하고 욕하는 사람도 잘 될 수 없으며 무엇을 탓하기 시작하면 운(運)이 오지 않는다고 한다. 얼굴에 불평불만이 가득한 사람에겐 운이 왔다가도 되돌아가며, 사람의 만남에는 시작과 끝이 있지 않을까? 이별의 순간에도 처음 만났을 때의 마음을 잊지 않는다면 그 사람은 더 좋은 인운(人運)을 만나게 된다고 하며 인운(人運)으로 인생을 바꾸고 싶다면 아무리 힘들더라도 끝을 잘 맺어 좋은 인연으로 만들어야 한다고 한다.

운을 좋게 하는 방법은 무엇일까요?

공통적으로 나타나는 현상을 보면, 운이 좋아 보이는 사람과 어울려야 하지 않을까? 걱정하지 않으면 운은 더 빨리 온다고 한다. 모든 일에 감사하면 감사한 일만 생기지 않을까?

단점을 보완하면 어떨까? 누구나 가진 단점은 장점을 키우는 동안 언젠가 소멸된다고 하며, 욕을 먹고 욕을 한 상대에게 감사한다면 모자라는 사람으로 볼까? 욕이나 비판을 받지 않으려면 노력해야 하며 어려움을 체험한다면 운은 더 가까이 온다고 한다. 또 어려운 난관을 극복하는 과정이 운을 좋게 하고 성장을 촉진하는 첩경이 될 수 있다고 한다.

운(運)은 무엇일까? 챗GPT에서는 어떤 결과를 예측할 수 없는 우연히 발생하는 현상이라고 답하고 있다. 운이 좋다고 생각하는 사람은 운이 좋고 나쁘다고 생각하면 나쁘게 나타나는 현상을 어떻게 설명할까? 자신감이 운을 좋게 만들 수 있지 않을까? 성공하는 사람들의 공통적인 생각은 "나는 운이 좋은 사람이다"라며 늘 자기를 긍정적으로 여긴다는 것이다.

아래 사례를 분석하면 운으로 볼까요?
실력으로 볼까요?

미국에서의 실화다. 농장에서 일하던 두 사람이 그곳을 떠나 새로운 곳으로 가기로 마음을 먹었다.

두 사람은 기차역으로 향했다. 한 사람은 뉴욕으로 가는 표를 샀고, 다른 한 사람은 보스턴으로 가는 표를 샀다. 표를 산 두 사람은 의자에 앉아 기차를 기다리다가 우연히 이런 말을 듣게 되었다.

"뉴욕 사람들은 인정이 메말라서 길을 가르쳐 주고도 돈을 받는데, 보스턴 사람들은 거리에서 구걸하는 거지한테도 인심을 후하게 베푼대요."

뉴욕으로 가는 표를 산 남자는 생각했다.

'아무래도 보스턴으로 가는 게 낫겠어, 일자리를 못 구해도 굶어 죽을 일은 없을 거야. 하마터면 큰일 날 뻔했잖아.'

하지만 보스턴으로 가는 표를 산 남자의 생각은 달랐다. '그래, 뉴욕으로 가는 거야! 길을 가르쳐 주고도 돈을 받는다면 금방 부자가 될 수 있을 거야. 하마터면 부자가 되는 기회를 놓칠 뻔했잖아.'

두 사람은 상의 끝에 표를 바꾸기로 결심했다. 그래서 뉴욕으로 가려던 남자는 보스턴으로, 보스턴으로 가려던 남자는 뉴욕으로 가게 되었다.

보스턴에 도착한 남자는 금세 그곳 생활에 적응해 나갔다. 한 달 가까이 일을 하지 않고도 시 당국에서 주는 빵으로 놀고먹을 수가 있었다.

그는 그 곳이 천국이라는 생각이 들었다.

한편 뉴욕으로 간 남자는 돈을 벌 기회가 곳곳에 숨어있다는 생각에 매우 들떠 있었다.

조금만 머리를 굴리면 먹고살 걱정을 하지 않아도 될 것 같았기 때문이다.

도시 사람들이 흙에 대한 특별한 향수와 애착이 있을 거라고 판단한 그는 그 날로 공사장을 찾아 다녔고 흙과 나뭇잎을 비닐에 담아 포장해서 '화분 흙'이라는 이름으로 팔기 시작했다. 과연 그의 판단은 적중했다.

꽃과 나무를 좋아하지만 흙을 가까이서 본 적이 없는 뉴욕 사람들의 마음을 움직인 것이다.

그는 '화분 흙'으로 꽤 많은 돈을 벌었고, 일 년 뒤에는 작은 방 한 칸을 마련할 수 있었다.

그러던 중 그는 우연히 불빛이 꺼진 상점 간판을 발견했다.

화려한 불빛으로 거리를 밝혀야 할 간판들이 하나같이 때가 끼고 먼지가 쌓여 제 역할을 하지 못하고 있었다. 더욱 놀라운 것은 그러한 간판이 뉴욕 시내에 하나둘이 아니었다.

그는 청소업체들이 건물만 청소할 뿐 간판까지 청소해야 할 책임은 없다는 사실을 알게 되었고 당장 사다리와 물통을 사들여 간판만 전문으로 청소해주는 간판 청소 대행업체를 차렸다.

그의 아이디어는 결국 성공으로 이어졌다.

그는 어느덧 직원 150명을 거느린 기업의 사장이 되었고, 다른 도시에서도 청소를 의뢰할 만큼 유명해졌다.

얼마 후, 그는 휴식을 취할 겸 보스턴으로 여행을 가게 되었다. 기차역에서 나오자마자 꾀죄죄한 모습을 한 거지가 다가와 돈을 달라며 구걸을 했다.

그런데 거지의 얼굴을 본 그는 깜짝 놀라 그 자리에서 얼어붙고 말았다. 그 거지는 바로 5년 전에 자신과 기차표를 바꾼 친구였던 것이다.

그렇다면 당신은 뉴욕행 표를 살 것인가? 아니면 보스턴행 표를 살 것인가? 어느 곳으로 가는 열차표를 사든 그건 당신의 자유다. 이 판단은 운일까? 실력일까?

한 가지 여기서 미리 알려드릴 것은 보스턴은 시 당국의 포퓰리즘 정책으로 일을 하지 않아도 당국에서 주는 빵만으로도 얼마든지 놀고먹을 수 있고 뉴욕에서는 열심히 일해서 돈을 번만큼 행복하게 살 수 있었다.

사회 복지 혜택을 받아 무능력하게 사는 자와, 자신의 능력과 의지로 삶을 헤쳐 나가는 자는 행복의 단어가 다른 것이 아닐까? 운이 실력과 함께 존재하는 사례를 우리는 수없이 보게 될 것이다.

실력은 무엇일까요? 어떻게 나타날까요?

실력이란 개인이 특정한 활동이나 일을 수행하는 데 필요한 지식, 기술, 경험을 말한다는데 이는 단순히 책에서 배운 지식뿐만 아니라 실전에서 얻은 경험과 숙련도를 포함한다고 한다. 실력은 일반적으로 오랜 시간 동안 연습하고 경험을 쌓음으로써 향상되며, 이는 꾸준한 노력과 학습을 통해서만 가능한 것으로 실력은 '할 수 있는 능력'이 아닐까?

자신의 능력과 가치는 스스로 결정하므로 실력 있는 사람이 운을 만들 수 있다고 믿는다. 실력은 각고의 노력이 쌓이고 쌓인 결과가 아닐까?

그들은 인생이나 사업에서 새로운 기회를 창출하고 이를 포착할 준비가 되어 있는 사람이 붙잡는다고 명료하게 말한다. 열심히 새로운 것을 추구하고 네트워크를 구축하면서 대가를 바라지 않는 따뜻한 마음의 선행을 베풀거나, 자기보다 어렵고 약한 사람들에게 봉사나 헌신을 즐기는 사람에게 찾아오게 만드는 능력이 소중하지 않을까?

나는 지속적인 학습 기회를 가질 것을 권유하고 싶다. 강좌에 등록하고 워크숍에 참석하고 독서나 관련 기사를 가까이 하면 늘 좋은 정보를 얻게 될 수있다. 멘토나 동료에게 건설적인 비판을 요청하고 이를 활용하여 능력을 향상하는 태도도 우리의 실력을 높여서 운으로 나타나게 할 수 있다.

겸손도 실력이라고 말하는데
겸손하게 살아가는 법이 있을까요?

겸손하고 견실(堅實)한 삶의 자세로 살아가는 사람은 다른 사람들의 말과 생각에 흔들리지 않고 시선과 평가에 초연하다고 한다. 세상의 이치를 깨달은 사람은 다른 사람을 시기하거나 험담을 하지 않는다. 부자는 부자라서 싫고, 똑똑한 사람은 똑똑해서 싫고, 높은 사람은 높아서 싫고, 유명한 사람은 유명해서 싫다면 우리 자신이 얼마나 피곤할까.

인생을 배우는 마음은 언제나 겸손한 마음, 그리고 늘 비어 있는 마음이다. 무엇이나 채워 넣으려고 애쓰는 마음이며 배움에 몰두하는 시절은 언제나 희망에 차고 싱싱하기만 하지 않을까? 그런데 배움을 박차버린 시간부터 초조와 불안과 적막이 앞을 가로막는 것이다. 그러나 글을 배운다고 인생을 배우는 것은 아니며 학문을 안다고 그것으로 인생을 안다고 단정할 수는 없다. 그러므로 배움이 소재라는 것은 학교에서 하는 교과서에 있거나 도서관에 쌓인 책 속에만 있는 것은 아니다.

인생에 눈을 뜨고 인생의 온갖 속절을 알게 된 것은 고된 인생길을 걸으면서가 아닐까?

'두 사람이 나와 함께 길을 가는데 그 두 사람이 나의 스승이라, 착한 사람에게서는 그 착함을 배우고 악한 사람에게는 악함을 보고 자기의 잘못된 성품을 찾아 뉘우칠 기회를 삼으니 착하고 악한 사람이 모두 내 스승이다'라고 하였다.

인생을 배워 끝없이 깊은 인생을 알아도 언제나 모자라는 것인데 우리는 묵묵히 머리를 숙이고 배우는 인생을 살아 보아야 하지 않을까? 배우는 마음은 주체가 확립된 마음이어야 한다고 한다. 즉 자기 인생을 올바르게 세우고 사는 마음이다.

익은 곡식은 고개를 숙이는 법이다. 정말 인생을 바로 배우는 사람은 머리를 숙이고 겸손과 자기 심화에서 참된 자기를 키우며 사는 사람이다. 한평생 배우고 살자. 그리고 바로 배우고 내 인생을 키워 가자고 다짐해 보면어떨까?

겸손한 태도가 좋은 운으로
나타난 사례가 있을까요?

엄상익 변호사의 글

칠십 년대 말 나는 군 법무관 시험을 보고 훈련을 받기 위해 광주보병학교에 입소했다. 그곳에는 두 종류의 그룹이 합류해 함께 훈련을 받았다.

한 부류는 나같이 고시에 도전하다가 실패하고 차선책으로 법무장교 시험을 보고 들어온 사람들이었다. 십 년이라는 기나긴 복무 기간이 앞에 있었다.

다른 한 부류는 고시에 합격하고 짧은 군복무를 위해 입대한 사람들이었다. 제대를 하면 전원 판사나 검사로 임관이 되고 시간만 흐르면 앞날이 보장되는 사람들이었다.

고시에 합격하지 못한 나의 경우는 상대적으로 위축되고 잘나가는 사람들에 대한 시기심이 있었다. 그런 시기심은 실속 없는 건방짐으로 표출되기도 했다.

그러나 우리 중에 독특한 겸손을 지닌 사람이 있었다. 지방대를 나온 그는 얼굴도 미남이 아니고 덩치도 작은 편이었다. 그러나 그는 누구에게나 먼저 다가가 자신을 낮추면서 공손하게 상대방의 훌륭한 점을 인정했다. 그와 같이 전방으로 명령이 나서 이웃 부대에 근무했다. 나는 건방졌다. 계급이 높은 사람을 만나도 나는 나다, 너는 누구냐는 식으로 대해 적을 늘여갔다.

하지만 그 친구는 달랐다. 사병에게까지 겸손하게, 그리고 살갑게 대해줬다. 그는 항상 대하는 사람 앞에서 '나는 당신보다 못난 사람입니다'라고 생각하는 것 같았다.

세월이 흘렀다. 동기생 중에서 그가 제일 먼저 장군이 됐다. 그 얼마 후 그의 장군 계급장에는 별 하나가 더 붙었다. 장군이 되어도 그의 태도는 예전과 다름이 없는 것 같았다.

별판이 달린 검은 장군 차를 타고 어깨에 번쩍거리는 계급장을 달고 으쓱거릴 만한데도 그는 그렇게 하지 않았다. 실패한 동기생들을 보아도 항상 온유하고 겸손하게 대했다.

그는 군 복무를 마치고 국제형사재판관이 되었다. 세계 각국에서 유능한 판사들이 차출되어 근무하는 곳이다. 십여 년이 흐르고 그는 육십대 중반이 되어 임기를 마치고 귀국했다. 그리고 얼마 후에 다시 그는 국제형사재판관으로 추천되어 유럽으로 향했다.

국제형사재판소의 재판관들이 그를 좋아해서 다시 재판관으로 모신 것 같았다. 칠십 고개에 다다른 그는 아직도 열성적으로 일을 하고 있다.

한번 그의 입에서 "나 같은 놈이 성공한 것은 내가 잘나서가 아니고 모두 주님의 덕입니다"라는 소리를 들은 적이 있다. 그의 성공 비결인 것이다.

그는 철저히 겸손했다. 위선적 겸손이 아니고 처세의 겸손이 아니었다.

나는 그의 성공을 보면서 세상을 이기는 가장 무서운 힘이 겸손이라는 걸 뒤늦게 깨달았다. 나는 동기생인 그의 앞에 마음의 무릎을 꿇는다.

자세를 낮추고 무릎을 꿇으면 보이지 않던 것이 보인다.

세상을 이기는 최고의 지혜가 겸손인 걸 나는 몰랐다.

겸손은 실력일까? 운일까?

덕을 쌓는 자체가 운을 좋게 하지 않을까요?

덕(德)이란 수많은 어려움을 극복하고 얻은 수양(修養)의 산물(産物)이며 노력의 결과이다.

덕에는 음덕(陰德)과 양덕(陽德)이 있는데, 음덕이란 남에게 알려지지 않은 선행(善行)을 말하고 같은 선행이라도 남에게 알려지는 것을 양덕이라고 한다.

세상에는 빛과 향기를 드러내는 것과 제 스스로는 아무것도 드러내지 않으면서 빛과 향기를 낼 수 있도록 도와주는 것이 있다고 한다.

바로 물과 꽃이 그렇지 않을까? 아름다운 꽃을 피울 수 있도록 생명력을 불어넣는 물은 항상 가장 낮은 곳으로 흐르면서 세상의 온갖 때를 다 씻어준다.

바위와 험한 계곡을 마다하지 않고 모든 생명을 위해 묵묵히 그리고 쉬지 않고 흐르는 것이다.

그런 물과 같은 사람, 물과 같은 인생이야말로 가장 아름답고 향기로운 존재가 아닐까 생각한다. 다들 제 빛깔과 향기를 드러내기 위해 여념이 없는 세상에서 물과 같은 사람이 없다면 세상은 온통 시들어버릴 것이다. 사람들은 대부분 물과 같은 존재가 얼마나 소중한 것인지 알면서도 그 역할을 다른 사람이 해주길 바라고 스스로는 그 물의 덕만 보려고 하지 않을까? 세상에서 꽃과 같은 사람만 있고 물과 같은 존재가 없다면 어떻게 될지 상상해봐야 한다. 그러나 남에게 무엇을 베풀었음에도 반대급부를 바라지 않고 음덕(陰德)을 쌓고 사는 사람을 우리의 주변에서 많이 볼 수가 있다.

음덕을 쌓는 사람에게는 대우주(하늘)에서 베푸는 양보(讓步)가 있을 것이다.

또한 옛 선인(先人)들이 우리에게 내려준 교훈 가운데 작은 일이라도 선한 것이 아니면 행하기를 두려워하고 좋은 일이라고 생각되면 망설이지 말고 행하라고 하였다.

작은 선(善)도 쌓이면 대선(大善)이 되어 큰 덕이 되고 자신은 물론 국익 발전에 도움이 되지만 반대로 작은 악(惡)이 쌓이면 대악(大惡)이 되어 쇠에서 생긴 녹이 제 몸을 깎아먹듯 스스로를 파괴한다는 것을 명심해야 하지 않을까?

운은 어떤 사람을 좋아하고 가까이 할까요?

탈무드에 '이 세상에서 가장 지혜로운 사람이 누구인가? 어떠한 경우에도 배움의 자세를 갖는 사람이다. 이 세상에서 제일 강한 사람은 누구인가? 자신과의 싸움에서 이기는 사람이다. 그리고 이 세상에서 가장 행복한 사람이 누구인가? 지금 이 모습 그대로 감사하면서 사는 사람이다'라고 했다.

아리스토텔레스는 행복은 감사하는 사람의 것이라 했고, 인도의 시성(詩聖) 타고르도 감사의 분량이 곧 행복의 분량이라고 했듯이 사람은 감사한 만큼 행복하게 살 수 있다. 행복해서 감사한 것이 아니라 감사하기 때문에 행복해진다.

빌 헬름 웰러는 가장 행복한 사람은 가장 많이 소유한 사람이 아니라, 가장 많이 감사하는 사람이라고 말했다. 결국 행복은 소유에 정비례하기 보다는 감사에 정비례한다.

아무리 지식과 권세와 부(富)를 많이 쌓아 놓았다고 해도 감사가 없으면 진정 풍요로운 삶을 누릴 수 없지 않을까?

감사는 인생을 성공으로 이끄는 에너지이다. 감사할 줄 아는 사람이 바로 운을 불러들이는 실력 있는 사람이 아닐까?

운은 간절한 사람에게 찾아오지 않을까요?

새벽예배를 가면 간절한 기도를 드리는 사람들을 본다. 울면서 부르짖기도 하고 깊은 묵상으로 회개하며 하나님의 축복을 간구하는 교인들이 있다. 나중에 응답을 받았다고 감사해 하며 신의 섭리를 찬양하고 간증하는 경우도 있다.

간절함이다. 간절함은 성공의 씨앗이며 간절함은 몸과 마음이 하나 되는 몰입의 상태를 말한다고 한다.

세상의 모든 일은 간절한 만큼 이루어진다는 평범한 진리가 있다. 간절함은 모든 것의 근원이며 없던 길도 만들어준다는 것이다.

세상사 모든 것은 마음먹기 달렸다고 말한다. 많은 사람들이 성공하고 싶으나 방법을 몰라 어떻게 해야 할지 모른다고 한다. 간절함이 있으면 내 안에 있는 내가 그 방법을 찾을 수 있도록 끊임없이 안내해주지 않을까?

실패와 참담함을 딛고 다시 일어설 수 있는 용기와 자신감을 갖게 되는 방법이기도 하다. 꿈을 현실로 만드는 힘, 간절함. 인생에 있어서 기회가 적은 것은 아니라고 말한다.

단지 그것을 볼 줄 아는 눈과 붙잡을 수 있는 의지를 가진 사람이 나타나기까지 잠시 기회는 잠자코 있는 것이라고 한다.

취업을 앞둔 청년들에게 조언하신다면?

대기업, 공무원을 바라보며 몇 년씩 준비하는 청년들을 보면서 중소기업에서 일해볼 것을 권유하고 싶다. 작은 회사에서 여러 가지 일을 해보면서 경험을 쌓는다면 언제든 큰일을 맡았을 때 실력을 발휘할 수 있지 않을까?

예비역 장군인 한 친지의 청탁을 받은 일이 있었다. 아들은 명문대를 나와 삼성전자에서 과장급으로 재직하고 있었다. 만나서 들어보니 한 분야에서 일하는데 질식할 것처럼 힘들고 답답하다고, 하루 종일 같은 일만 반복하는데 변화를 추구하고 싶다고 고충을 털어놓은 일이 있었다.

내가 물었다.

"급여가 작더라도 다양한 일을 재미있게 할 수 있다면 작은 회사에서 근무해보면 어떨까?"

그는 망설임 없이 전직을 받아들였다.

아주 작은 회사였을 때 잡코리아의 경영팀에서 시작하였다. 능력 있는 사람이 대기업의 한 부서에서 부속품처럼 일하다가 작은 회사에서 여러 가지 일을 즐기며 하게 되니 활기 넘치게 능력을 발휘하고 또 결과적으로는 삼성보다 더 좋은 조건의 보상을 받았다. '운이 좋았다'고 말하고 있다.

　나는 도전을 즐기는 젊은이들은 작은 기업에서 큰 기업 만드는 도전에 나서기를 기대하고 있다.

공감이 가는
어느 경제학자의 말씀에 귀 기울인다면?

　놀랍게도 우리 성취의 대부분이 주어진 것, 즉 운이다. 태어나면서 처음 만나는 운은 '어디서 태어났는가'다. 세계은행 출신 경제학자 브랑코 밀라노비치(Branko Milanović)는 태어난 나라가 평생 소득의 절반 이상을 결정한다는 것을 보여주었다. 태어난 나라의 평균소득과 불평등지수만으로 성인이 되었을 때 소득의 최소 50%를 예측할 수 있다. 저개발국가에서 태어나면 능력이 아무리 뛰어나도 성공할 가능성이 작다. 대한민국에 태어난 것만으로도 우리는 운 좋은 사람들이다.

　다음으로 만나는 운은 부모다. 부모는 유전·환경 두 요소를 모두 제공하므로 이 둘의 역할을 구분하는 것은 어렵다. 경제학자들은 입양된 아이들과 친자녀를 비교하는 연구를 했다. 다트머스 대학의 브루스 새서도트(Bruce Sacerdote)가 홀트아동복지재단을 통해 미국에 입양된 대한민국 아이들을 연구했다(Sacerdote, 2007). 입양 자녀는 부모에게 환경만을 제공받고, 친자녀는 유전과 환경을 모두 받는다. 이 점을 이용해 유전만의 효과를 밝혀 보았다. 그는 유전이 소득의 약 3분의 1을 설명한다고 결론짓는다.

태어난 나라와 부모를 스스로 결정하는 사람은 없다. 인생 성취에 나라가 50%, 유전이 30% 이상을 차지하니 "인생 성취의 8할이 운이다"는 말은 과장이 아니다. 그럼 나머지 20%는 우리의 노력인가? 그런데 우리가 노력할 수 있는 힘조차도 사실 상당 부분 타고나며, 부모에 의해 길러진다. 그리고 내 커리어에서 보듯, 다양한 행운과 불행이 인생 성취에 미치는 영향이 크다. 우리 인생의 성취를 결정하는 것의 대부분은 우리 통제 영역 밖에 있다.

코넬대의 로버트 프랭크(Robert Frank) 교수는 『성공과 운(Success and Luck)』이라는 책에서 크게 성공한 사람들은 자신이 모든 것을 스스로 해냈다고 믿는 경향이 있음을 지적한다. 그 부작용이 크다. 자기 성취가 스스로 이룬 것이라 믿을수록 세금 납부에 더 적대적이다. 정부와 사회가 도와준 것이 별로 없다고 생각한다. 그리고 실패한 사람을 운이 나쁘기보다는 노력하지 않은 사람으로 인식한다. 그래서 이들을 돕는 일에도 소극적이다. 하지만 국가가 개인의 성취에 미치는 엄청난 영향력을 생각할 때, 이런 믿음은 타당하지 않다. 오늘의 내가 될 수 있던 것은 8할 이상이 공동체와 사람 덕분이다. 그렇기에 노블레스 오블리주는 어쩌면 당연한 것이다

사실 개인의 입장에서는 태어나면서부터 많은 것이 미리 정해진다. 국민의 성취도 많은 부분을 국가가 결정한다. 가령, '풍요로운 잘사는 국가' 하나만으로도 국민 성취의 절반이 보장된다.

인생의 많은 부분이 운이라면 승자 독식 사회는 건강하지 못

하다. 부모를 잘못 만난 불운, 살아가며 만난 이런저런 불운을 극복할 수 있는 환경을 제공하는 것은 국가의 몫이다. 또 골고루 나누어지지 못한 운을 좀 더 골고루 나누는 것 또한 중요한 국가의 역할이라 하겠다.

운이냐 실력이냐는 구분은 사실 특별한 의미가 없지 않을까? 실력 자체가 운을 불러오기도 하고 좋은 운이 실력으로 나타난다고 본다. 그러나 태어나서부터의 나쁜 운은 누군가에 의해 좋게 이루어질 필요가 있다. 국가이든 사회 시스템이든 독지가이든 돕고 성원하여 그 간극을 좁히는 노력이 함께한다면 세상은 더 행복해질 것으로 믿는다.

배고픈
세대의
개척자들
덕분에
오늘을
살아간다

젊은 청년들은 옛 얘기하면 꼰대로 볼까?
그러나 우리는 어려움을 극복해온
옛날 세대의 고난을 알아야 하지 않을까?
지금의 풍요를 이룬 배고픈 세대가 있었기 때문에,
그리고 그 선조들과
무명 헌신한 수많은 선배들의 땀이 있었기 때문에
오늘의 번영이 있다는 것을 늘 기억한다면
미래로 나가는 여정에 여러분들이 얼마나 더 감사해 하며
자신감을 가질 수 있을까?

가난했던 우리나라가 경제 강국이 될 수 있었던 요인은
어디에 있을까요?

한국 경제가 전 세계 10대 강국으로 진입하는 데 초기 경제인들의 기업가 정신(entrepreneurship)이 결정적으로 중요했다. 물론 가난을 이겨내겠다는 전 국민의 피와 땀이 합쳐진 종합적 결과이지만 '박정희'라는 지도자와 함께한 이병철, 정주영, 박태준, 조중훈, 김우중 등의 기업가 정신이야말로 정말로 값진 것이다.

그들의 리더십과 기업가 정신이 없었다면 우리는 스페인이나 이탈리아를 능가하지도 못했고, 동남아 국가들조차도 앞지르지 못했을 것이다. 동남아의 화상(華商)들이 회임 기간이 긴 장치 산업에 투자를 기피하고 주로 서비스 산업에서 부를 축적한 것과는 대조적이었다.

우리의 기업가들이 목숨을 걸듯이 도전하여 성공함으로써 엄청나게 큰 부가가치를 창출한 덕분에 그 혜택을 5천만 한국인이 지금 나누고 있다. 소비 수준을 받쳐주는 주요 원천이 기업들이 만들어낸 높은 부가가치에서 나오는 것이다. 원조 받던 나라에서 주는 나라로 변한 것도 그러한 결과였다.

이념 갈등으로 사회 분열이 격화되고 젊은이의 도전 정신이 위축되어 나라가 흔들리는 시기에 비전과 용기를 가진 지도자의 역할이 무엇보다 중요하다. 세상을 변화시키려는 더 큰 도전이 줄기차게 이어져 할 수 있다는 자신감을 더 크게 키워야 한다.

오래 전 얘기도 듣고 싶습니다.

1963년 내가 장교로 임관되어 강원도 양구의 최전방 소대장으로 부임하였을 때 월 급여는 60kg 쌀 한 가마니 값이었다. 내가 초등학교에 들어갔을 때는 굶어 죽는 사람들이 많았으며 부족함 없이 사는 사람들이 드물었으나 모두가 큰 불평이 없었다. 행복하지는 않았으나 세상에 순응하고 팔자소관으로 여기는 사람들이 대부분이었다.

여러분은 '보릿고개'라는 말을 기억해야 한다. 가을 추수하고 봄에는 보리가 나오기도 전 시기에 대부분의 서민들은 기아 상태에서 힘들어 하는 사람들이 많았다. 굶주리며 초근목피(풀뿌리와 나무껍질)로 연명하는 경우도 있었다.

나는 철도 공무원이었던 아버지가 굶어 죽는다는 사람들에게 봉급이나 배급 쌀을 주어 버려 굶주리는 삶을 살아본 아픔을 잊지 못하고 있다. 북한이나 지금의 후진국들이 비슷하지 않을까?

산업이라야 가내공업이 전부였을 때 살아오면서 걸출한 기업인들이 있었다는 것은 큰 행운이었다. 그분들은 선각자이며 도전의 역사를 쓴 기업인들이었다. 일제에서 해방되기 전에도 산업을 일으켜 근대화의 초석을 마련한 오늘의 선진국을 견인하신 위대한 기업인들에게 경의를 드려야 한다.

몇 분의 족적을 우리가 본받고 여러분 모두가 그 분들 이상의 큰 지도자, 기업인으로 성장하기를 기대하고 있다.

사업보국, 인재 제일을 외친 호암 이병철 회장

호암 이병철 회장은 사업보국을 꿈꿔온 선구자였다. 국가와 국민이 필요로 하는 사업을 창안하고 최초로 시작한 사업보국의 개척자였다. 1910년 한일합방 때 경남 의령에서 천석꾼의 아들로 태어나 어릴 때 유교 교육과 일본 유학을 하고 26세에 정미소와 양조장 사업을 시작하여 돈을 벌었으나, 중일전쟁 때 은행 대출금 환수로 사업을 철수하고 1938년 삼성상회를 설립하였다. 이후 무역업으로 사업 입지를 다진 후 한국전쟁을 겪고 초라하고 파괴된 참담한 나라 현실을 보고 사업보국의 철학을 가지게 되었다고 한다.

그는 생필품, 중화학, 서비스 등 국민이 '꼭 필요로 하는 새로운 사업을 최초로 시작하고 미래 산업이 무엇일까' 고심하며 전자 반도체 산업을 주도하여 세계적인 기업으로 육성한 선지자였다. 전문가들과 한국 정부에서 반대하는 반도체 산업을 시작하기 위하여 "국가를 위한 나의 마지막 사업입니다." 하며 설득하고, 위험을 감수한 초대규모의 반도체 투자를 실행한 1983 도쿄선언은 오늘의 세계적인 전자 산업을 성공시킨 위대한 선각사이다.

『호암 자전』은 일제강점기 당시 민족 자본이 전무했던 상황에서 무역상사로 출발한 삼성이 OECD 국가경쟁력 30위권에 드는 선진국의 초일류기업으로 거듭나기까지 지나온 험난한 여정을 호암이 손수 적어 내려갔다. 근현대 한국 최초이자 제일의 창조적 창업가로 손꼽히는 인물이 전하는 이 회고담에는 '사업보국'으로 요약되는 그만의 독특한 경영철학과 함께 오늘날의 삼성을 만든 결정적 순간들이 빠짐없이 담겼다.

그러나 이 자전이 단순히 한 경영인의 성공담을 넘어 인물의 결이 생생히 살아 있는 입체적인 기록으로 거듭날 수 있었던 이유는, 끊임없이 격변하는 정세에 맞서 앞날을 제시해야 했던 리더로서 느낀 희로애락까지도 진솔하게 담아낸 덕분이다.

한국 경제 발전사에 큰 족적을 남긴 냉철한 경영인이자, 시대의 파도에 맞서 스스로의 뜻을 이루길 포기하지 않았던 한 개인의 진면목을 감동으로 받아들이게 된다.

경남 의령의 한학자였던 선친 밑에서 유복한 성장기를 보내고 일본 유학까지 마쳤지만, 인생의 뜻을 세우지 못하고 골패 노름에 빠져 늦은 밤 달그림자를 밟으면서 귀가하기 일쑤였다고 호암은 그 무렵을 회고한다. 그렇게 허송세월하던 그에게 각성의 순간은 느닷없이 찾아왔다.

어느 날 달빛을 받은 채 고요히 잠든 자녀들을 보며 무언가 해보아야만 한다는 생각이 문득 떠올랐다는 것이다. 그 회심의 순간, 조선인이라 괄시받던 기억이 겹쳐 떠오르며 그는 마침내 '사업을 일으켜 나라를 지킨다'는 일생의 목표를 세운다. 이러한 사업보국(事業保國)의 정신은 이후 호암만의 독특한 경영철학으로 자리매김한다.

사업을 벌이기로 마음먹은 호암은 삼성물산을 세워 본격적으로 창업에 뛰어들고, 이어 제일제당과 제일모직 등으로 큰 성공을 거두며 한국 고유의 산업 자본을 건립하는 데 성공한다.

그러나 그도 항상 탄탄대로만을 달리지는 않았다. 남북 분단과 한국전쟁 이후의 혼란스럽던 정치적 상황으로 흔들린 적 또한 여러 차례였다. 그러나 처음 마음에 새긴 뜻인 '기업으로 스스로를 세우고 국민 복지에 공헌한다'라는 결심을 되새기며 활로를 모색하고 다음 단계를 위한 청사진을 그릴 수 있었다고 호암은 말한다. 즉, 정세를 가늠하는 차가운 통찰력과 사업을 통한 사회 공헌이라는 뜨거운 신념이 맞물리며 삼성이라는 거대한 배가 항해할 수 있었다는 것이다. 지금의 삼성을 만든 결정적 순간들과 그 순간을 이끌었던 지도자의 생각이 감동을 준다.

산업구조의 지형을 여러 번 뒤바꾼 그를 가장 잘 설명하는 말은 다름 아닌 '시대를 앞선 창조적 지략가'라는 평가다. 독자들 역시 독립적인 산업 기반이 전무했던 일제강점기 시절 무역상으로 출발하여, IT 업계를 이끄는 글로벌 기업을 일구어낸 창업가에게는 어떠한 특출함이 숨어 있었는지 엿볼 수 있다.

이때 그는 평생의 지표로 삼을 큰 깨우침을 얻는다. 사업을 벌일 때는 시기와 정세를 적확하게 꿰뚫어보고, 일단 판단이 서면 초기의 목표를 이룰 때까지 정진해야 한다는 큰 원칙을 발견한 것이다.

이른바 경영의 정도(正道)지만, 모두가 알아도 쉬이 실천하기는 어려운 이 대원칙을 기업 경영의 구석구석에 도입하고, 누구도 따라하지 못할 성과까지 이끌어냈다는 점에서 호암의 성공기는 시사하는 바가 크다.

지금의 삼성그룹을 대표하는 반도체 사업 또한 호암의 뚝심 있는 경영 스타일이 결실을 거둔 대표적인 사례다. 유례없는 성장을 이룬 1970년대, 한국 경제의 중심축이 점차 부가가치가 높은 전자 산업으로 옮겨 갈 것이라 예측한 호암은 수많은 전문가와 기업가, 임원들의 만류를 뿌리치고 대대적인 반도체 사업 육성에 나선다. 그 결과는 모두가 목격했듯 전례 없는 대성공이었다. 그는 '일류가 아니면 죽는다. 일류 제품을 만들어라.'라고 강조한 치밀하고 과학적인 사고의 토대 위에서 일을 시행하는 카리스마형의 지도자였으며 교만한 자 치고 망하지 않는 자 없다는 경고를 수없이 해가며 세계적인 기업으로 성장시킨 기업인이었다.

「홈플러스를 창업하여 굴지의 기업으로 육성한 이승한 회장의 호암 이병철 회장에 대한 『사업보국 인재제일』철학 발췌, 기업가 정신 포럼에서」

이봐! 해봤어? 정주영 회장

현대그룹을 창업한 아산 정주영은 "이봐! 해봤어?"라는 말을 수없이 해가며 안 된다고 예기하는 임직원들을 독려해 가며 호기심 많은 청년의 눈으로 세상 보는 안목과 공감 능력, 그리고 실천력이 뛰어난 기업인이었다.

1915년 강원도 통천군 아산면에서 태어나 18살 때 서울로 와서 쌀가게 점원부터 일을 시작하여 작은 집을 짓고 작은 자동차 정비소를 열어 고정관념을 깬 창의성으로 새로운 사업을 종횡무진으로 전개하여 건설, 자동차, 중공업, 조선, 유통 산업 등 세계적인 기업들을 일으켜 세운 영웅이었다.

조선소를 짓기 위하여 울산 바닷가를 부지로 정하고 자금을 융자받기 위하여 영국의 투자자를 찾아가서 '너희 나라에서 배를 만든 실적이 있느냐?'라는 질문을 받고 당시 500원 지폐에 그려진 거북선을 보여주면서 '우리는 300년 전에 이미 이런 훌륭한 배를 만들어서 해전에서 일본을 이긴 나라입니다'라며 투자를 받아 큰 배를 만들어서 납품하고 실력을 인정받아 세계 제일의 조선소, 현대중공업을 만든 일화는 늘 우리를 마음 설레게 하였다.

초등학교를 나온 학벌과 내세울 게 없었던 정주영 회장이 실력으로 창의성과 추진력을 발휘해 가며 새로운 사업을 시작할 때마다 반대하는 주위 사람들에게 "이봐! 해봤어?" 하며 독려해 온 일화는 현대 연관 회사들을 세계적인 기업으로 성장시켜온 바탕이 되었다.

정주영은 어떤 분이었나요?

6남 2녀 중 장남으로 태어났다. 호는 아산(峨山). 통천 송전소
학교를 졸업하였다. 공부하기 싫다고 중학교에 진학하지 않았다.
아버지가 하던 농사도 하기 싫어했다. 가난에서 벗어나려고 가출
을 반복하였으나 실패하였다가 결국 가출에 성공하였다.

아버지의 소를 판 돈을 들고 도망하여 경성실천부기학원에서
공부를 하다가 덜미를 잡혀 고향으로 돌아갔다. 다시 가출하여
인천항에서 부두 하역과 막노동을 하다 서울로 상경하여 이듬해
복흥상회라는 쌀가게 배달원으로 취직했다. 정주영은 쌀가게 주
인의 신임을 받아 아들이 방탕하고 쌀가게에 흥미를 잃어서 종
업원인 정주영에게 가게를 물려주어 경일상회라는 이름을 짓고
그 가게의 주인이 되었다. 중일전쟁으로 배급제가 시행되어 쌀가
게를 폐업하고 경영난에 처한 자동차 수리 공장을 인수하여 사
업을 시작하였으나 한 달도 채 지나기 전에 불에 타버렸다. 다시
빚을 내어 공장을 시작하였으나 기업 정리령에 의해 공장을 빼앗
기다시피 하고 새로운 일거리를 찾아 떠나게 된다.

이후 서울 돈암동의 스무 평 남짓한 집에서 동생들, 자녀들과
함께 벌어놓은 돈으로 살다가 해방 후인 1946년 4월에 미군정청
의 산하 기관인 신한공사에서 적산을 불하할 때 초동의 땅 200
여 평을 불하받아 현대그룹의 모체라 할 수 있는 현대 자동차공
업사를 설립하였다. 또한 1947년 5월에는 현대토건사를 설립, 건
설업에도 진출하였다. 1950년 1월에는 자신이 운영하던 두 회사
인 현대토건사와 현대자동차공업사를 합병하여 현대건설주식회
사를 설립하였다.

그러나 그해 한국전쟁으로 서울이 인민군에게 점령되면서 모든 것을 버리고 가족들과 부산으로 피난한 정주영은 동생 정인영이 미군사령부의 통역 장교로 일하던 덕에 서울에서 하던 토목사업을 계속할 수 있었으며 서울 수복 후 미군 발주 공사를 거의 독점하였다.

한국 전쟁 직후 현대건설은 전쟁으로 파괴된 도시와 교량, 도로, 집, 건물 등을 복구하면서 점차 늘어가는 건설 수요로 승승장구하게 되었다. 그 뒤에도 늘어나는 건설 수요 등을 감안하여 그는 시멘트 공장 설립을 추진, 1964년 6월 현대 시멘트 공장을 준공하여 시멘트도 자체적으로 조달하였다.

1998년 6월 16일 통일소라고 명명된 소 501마리와 함께 판문점을 통해 고향인 북한을 방문하고, 같은 해 2차로 소 501마리를 가져갔다. 정부의 햇볕정책을 따른다는 뜻 외에도, 정주영 명예회장의 고향이 남한이 아닌, 북한 영토인 강원도가 고향이라는 사실도 북한에 소를 가져간 이유이다. 이때 소 501마리와 함께 직접 판문점을 통해 방북, 김정일 국방위원장을 면담하고 남북 협력 사업 추진을 논의했다.

그리고 마침내 금강산 관광사업에 관한 합의를 얻어 그해 11월 18일에 첫 금강산 관광을 위한 배가 출발하였다. 이때 그는 직접 판문점을 통해 '통일소'라고 불린 소 500마리와 함께 판문점을 넘는 이벤트를 연출하며 국제적인 주목을 받았다.

『정주영 평전』중

정주영 회장의 독특한 경영 기법은
어떤 특징이 있을까요?

그리스 선박왕 이바노스와 극적으로 판매 계약을 체결하여 드라이독(dry dock) 건설과 26만 톤급 유조선 2척의 건조 작업을 동시에 진행하였다. 봉이 김선달이 대동강 물을 팔아먹는 것과도 흡사한 사업이었다.

드디어 드라이독을 완성해서 물을 채우는 동시에 최초의 유조선이 바다로 진수하였다. 한국에서 만든 유조선이 바다에 뜨겠느냐고 견제하던 일본도 쏙 들어갔다. 기업인 정주영은 주도면밀하였다.

수만 명의 용접공을 단시간에 육성하기 위해 모든 방법을 다 동원하였다. 심지어 1971년 시작한 반포아파트 건설 현장에서도 많은 용접공을 길러냈다. 이 아파트 난방 시스템은 옛날의 스팀식이 아니고 온수식이었다. 방열 라디에이터에 온수를 순환시켜서 난방하는 것이다.

틈이 있으면 물이 새기 때문에 완벽한 용접이 중요했다. 현장이 용접공 교육장이 되었다. 현대뿐만 아니라, 대우, 삼성 중공업의 용접공은 이제 기술과 경험이 쌓여 특 A급의 완벽한 기능인도 수천 명을 넘는다. 한국인의 손재주가 만개한 것이다.

그 덕분에 한국이 1995년 건설한 방사광 가속기의 700미터 길이의 두꺼운 강철관의 용접도 완벽하게 할 수 있게 되었다. 급격한 기압 변화에도 강철관이 터지지 않기 위해서는 고난도 용접 기술이 필요했다. 먼저 시작했던 인도보다도 한국이 앞서 완공한 것이다.

우리의 기업가들이 목숨을 걸듯이 도전하여 성공함으로써 엄청나게 큰 부가가치를 창출한 덕분에 그 혜택을 5천만 한국인이 지금 나누고 있다. 한국인의 소비 수준을 받쳐주는 주요 원천이 기업들이 만들어낸 높은 부가가치에서 나오는 것이다.

원조 받던 나라에서 주는 나라로 변한 것도 그러한 결과였다.

<이민우 저>

그는 용기와 실천의 삶을 살았으며 강인한 카리스마의 소유자였다. 시련은 있어도 실패는 없다는 철학으로 신념과 강인한 추진력을 발휘하였으며 신용의 가치를 최고의 덕목으로 삼아 '사업은 망해도 다시 일어설 수 있지만 신용은 한 번 잃으면 그것으로 끝이다' '신용이 곧 자본(자산)이다.'라며 신용의 중요성을 수없이 강조하기도 하였다. '나는 부유한 노동자일 뿐이다. 노동을 해서 재화를 생산해내는 사람이다' '내 지갑에 있는 돈만 내 돈이요, 나머지는 모두 사회의 돈, 나라의 돈이다'라며 기업의 국가기여를 높이 생각한 분이었다.

청암 박태준 회장의 '우향우 정신'을 기억하며

박태준 포스코 회장의 우향우 일화도 젊은 여러분이 간직해야 할 소중한 자산이다. 이대환이 저술한 『박태준 평전』도 내가 아끼는 보물 중의 하나이다. 박태준 회장은 직업군인 출신이다. 한국전쟁에 참전하여 나라를 위하여 헌신하였다. 그를 신뢰하는 박정희 대통령의 지시로 군복을 벗고 포철 건설의 산업 역군이 되었다. '철의 사나이 세계의 신화되다'에 나오는 일화다.

포스코가 40년 만에 세계 2위의 철강 기업이 됐다. 그 견인차가 덩샤오핑이 수입하고 싶어 했던 철의 사나이 박태준 포스코 명예회장이다. 우향우(右向右) 정신이 그의 상징이다. '만일 실패하면 전 임직원이 바로 우향우해서 저 포항 앞바다에 빠져 죽자.'라며 격려해온 박태준 정신을 우리는 기억해야 한다.

당시 박태준은 겨울바람이 몰아치는 모래벌판에 전 사원을 집합시켰다. 식민 지배에 대한 일본의 배상금(대일 청구권 자금)을 포철 1기 건설에 투입하는 그의 심정은 비장했다.

"우리 조상의 혈세로 짓는 제철소입니다. 실패하면 조상에게 죄를 짓는 것입니다. 우리 목숨 걸고 일합시다. 실패하면 우향우해서 모두 영일만 바다에 빠져 죽읍시다."

포스코는 숱한 시행착오를 거듭한 끝에 마침내 무(無)에서 유(有)를 창조했다.

'짧은 인생을 영원한 조국에! 절대적 절망은 없다!'는 게 그의 소신이었다. 그는 제철장학재단을 만들고 POSTECH(포항공대)도 설립했다.

박태준 평전 『세계 최고의 철강인』 에필로그에서 박태준은 마지막으로 하고 싶은 일에 대해 이렇게 털어놓았다.

"북한의 원산쯤에 포스코의 제3제철소를 짓고 싶습니다. 돈은 포스코의 국제 신인도로 마련하고, 북한 군인을 천 명쯤 뽑아 포항·광양에서 훈련시키면 됩니다. 포스코엔 역전의 노병이 많아요. 한 가지 더, 북한도 대일 청구권 자금을 받아야 합니다. 그런데 돈으로는 안 주고 물자를 보낼 거예요. 이 물자를 북한은 도로, 발전소, 항만, 철도 등 인프라 건설에 투자해야 합니다. 이게 현실이 되면 내가 일본에 가서 적극적인 역할도 하고 평양 가서 코치도 할 수 있을 거예요."

1927년 경남 동래군에서 태어난 그는 아버지를 따라 6세에 일본으로 건너가 초중고교를 다녔고 와세다대 공대 2학년 재학 중 해방을 맞아 중퇴·귀국했다.

육사 6기로 임관하였고 6.25 전쟁 당시 경기 포천 지역 1연대 중대장이었다. 육군대학 수석 졸업 후 최연소 육사 교무처장, 1군 참모장 등을 지냈다.

34세이던 1961년 국가재건최고회의 의장 비서실장을 맡은 그는 이후 50년 동안 요직을 맡았다. 육군 소장 예편 →대한중석 사장(3년) → 포항종합제철 사장·회장(25년)·명예회장 → 민정당 대표·민자당 최고위원·자민련 총재·4선(選) 국회의원 → 국무총리.

한국 현대사에서 권력과 부(富)의 중심에서 누릴 수 있는 걸 다 누린 인생을 살았다.

'민족문학작가회의' 고문을 지낸 소설가 조정래씨는 "박태준은 한국의 간디이다. 나는 그의 이름에 마하트마를 붙여 '마하트마 박'으로 부르고 싶다"고 했다.(2011년 12월 17일 서울 현충원 영결식장.)

한 사람의 일생이 '성(聖)스러운'이라는 뜻의 '마하트마(Mahatma)'로까지 칭송받는 것은 여간한 일이 아니다.

박태준 회장에게 어떤 남다른 측면이 있는 걸까?

통상 대신(通商 大臣) 시절 포항제철을 방문했던 나카소네 야스

히로 전 일본 총리의 회고이다. "내가 가장 인상 깊게 느낀 것은 종업원들이 너 나 없이 마음으로부터 박태준을 따르고 있다는 것이다. 나는 도저히 표현할 수 없는 감명을 거기서 받았다."

용광로 같은 애국심과 도덕성, 이는 청암이 자신의 좌우명, 즉 '짧은 인생을 영원히 조국에'라는 사명감으로 탁월한 업무 능력과 강력한 도덕성 없이는 나올 수 없는 평가이다. 그는 실제로 1964년 12월 국영기업체인 대한중석 사장을 맡은지 1년 만에 만년적자 회사를 흑자로 전환시켰다.

보통 4~5년 걸리는 종합제철소 건설 작업을 제철소 구경조차 한 적 없는 38명과 함께 착공 3년 3개월 만에 완공하여 마쳤다. 조업 첫 해인 1973년 포항제철은 매출액 1억 달러·순이익 1200만 달러를 냈다. 가동 후 50년 가까이 적자였던 일본 동종 업계와 비교하면 '기적'적인 일이다.

포항제철은 세계 철강사에서 제철소 가동 첫해부터 이익을 낸 유일한 기업이다. 청암은 제철소 공기(工期) 단축을 위해 하루 24시간 작업을 지시해 놓고 자신도 매일 3~4시간 자며 현장을 챙겼다.

1968년 포항제철 출범부터 1992년 광양제철소 2기 완공까지 그는 대부분의 시간을 가족과 떨어져 포항 효자동 사택과 회사에서 지내 '효자사 주지스님'으로 불렸다.

그는 '솔선수범'하는 경영자인 동시에 '무사욕'의 리더였다. 피와 땀을 쏟아 창업하고 성장시킨 포스코에서 25년 만에 물러날 때, 그는 한 주의 공로주는커녕 퇴직금 1원도 거부했다.

명예회장으로 복귀한 뒤 "노후를 생각해 조금이라도 스톡옵션을 받으시라"는 주변의 권유에 그는 "포항제철은 선조(先祖)의

피로 세운 회사이다. 공적인 일을 할 때 사욕(私慾)을 갖지 말라!"고 말했다.

주식·퇴직금 '0원', 73세에 전세살이. 청암의 도덕성은 무서울 정도였다. "그분의 리더십 근간은 청렴결백(淸廉潔白)이었다".(황경로 2대 포스코 회장 증언)

38년간 살던 집을 2000년에 팔아 생긴 돈 14억 5000만 원 중 10억 원을 아름다운재단에 기부하고 73세에 다시 전세살이를 했다.

그가 사후에 남긴 재산은 아무것도 없었고 말년에 생활비와 병원비는 자녀 5명(4녀 1남)의 도움으로 해결했다. '천하는 개인 것이 아니다.' '멸사봉공' '천하위공(天下爲公)'

천하는 개인의 사사로운 소유물이 아니라 모든이[公]의 것. 이 한 마디는 청암의 생애를 관통하는 또다른 정신적 기둥이다.

불굴의 정신력으로 그때마다 새로운 돌파구를 열어갔다. 1979년 박정희 서거 후 청암은 포항제철을 정치 외풍에서 지키기 위해 정치권에 발을 들여놨다.

소설가 조정래씨는 추도문에서 이렇게 적었다.

"너나 없이 돈에 홀려 정신 잃은 세상에서 박태준의 길을 따라가기란 너무 어렵고, 어쩌면 그분은 이 시대에 마지막 애국자인지 모른다. (중략) 정직·청렴한 그분을 바로 아는 것은 우리들의 삶을 바로 세우는 길이다."

젊은이들에게 그는 일본을 알고(知日), 일본을 이용하고(用日), 일본을 극복(克日)해야 한다는 성숙한 일본관을 젊은이들에게 조언하였다.

수송보국으로 사업을 개척하여
육해공 글로벌 기업으로 키운 조중훈 회장

조중훈 회장은 내가 베트남에 파병되어 헬기 연락장교로 근무할 때 뵙고 깊이 존경하는 분이었다. 40대 중반의 한진상사 사장으로 한국군과 미군의 모든 무기, 장비, 탄약, 보급물자 수송을 담당하였는데 군 야전사령관처럼 기백이 흘러넘치던 분이었다.

매주 1, 2회씩 군 중요 물자 수송 시에는 수십 대의 차량을 호위하기 위하여 건쉽(Gun ship)이라는 무장 헬기 4대로 경호를 제공하곤 하였는데 선두에서 직접 지휘하고 치밀한 계획과 실천으로 완벽한 업무를 수행하여 한미 양국군으로부터 큰 신뢰를 받은 분이었다. 지원을 담당한 헬기 연락장교였던 나에게 수송 작전이 끝날 때마다 칭찬과 격려를 주신 것을 큰 자랑으로 여기고 있다.

'로리더' 신성민 작가가 펴낸 『막힌 인생을 뚫는 법』이라는 책은 살면서 한 번쯤 마주하게 될 인생의 겨울에 관한 이야기다. 계절처럼 순환하는 운명 속에서 필연적으로 겪는 혹독한 겨울. 겨울을 막을 순 없어도 버티는 방법은 있다.

신 작가는 이 책을 통해 추운 겨울을 극복하는 데 조금이나마 도움이 될 수 있는 작은 지혜가 전달되기를 소망한다.

그런데 『막힌 인생을 뚫는 법』에 신성민 작가는 한진그룹과 대한항공의 설립자이자 초대 회장으로 대한민국 물류 산업의 1세대 선구자인 조중훈 전 회장을 책에 담아 눈길을 끌고 있다.

신 작가는 조중훈 회장의 일화를 통해 인생의 타이밍이 만들어낸 기적 같은 이야기를 전한다.

조중훈 회장은 1920년 출생해 2002년 세상을 떠났고, 아들은 조양호 전 회장이며 한진그룹은 현재 조중훈 선대 회장의 손자인 조원태 회장이 훌륭하게 이끌고 있다.

어린 시절부터 손재주가 남달랐던 조중훈 회장은 일제시대 휘문고등보통학교를 다니다가 가세가 기울자 진해로 내려가 고등해원양성소 기관과에 입학했다. 그 뒤 일본 고베에 있는 후지무라 조선소에서 숙련 기술자로서 경험을 쌓고, 2등 기관사 자격을 취득한다. 이후 선원이 돼 동남아 일대를 돌아다니며 견문을 넓혔다. 1942년 귀국 후 종로 일대에 공업사를 세우고 목탄차 엔진을 수리하는 일을 시작했는데, 솜씨가 좋아 늘 손님이 붐볐다고 한다. 이후 광복을 맞이하자 27세의 나이에 인천에서 '한진상사'를 세우고 수송업에 투신했다.

어느 날 조중훈 회장은 트럭에 물건을 싣고 인천에서 서울로 오고 있었는데, 길가 한 켠에 한 미국 여성이 곤란한 표정을 지으며 서 있었다고 한다. 조 회장이 다가가 살펴보니 차가 갑자기 고장 나 어찌할 줄 모르고 있었던 것이었다.

조중훈 회장은 땀을 뻘뻘 흘리면서 1시간 반이나 걸려 차를 고쳐줬다. 며칠 뒤에 그 여인이 남편과 함께 조 회장을 찾아왔는데, 남편은 다름 아닌 미8군 사령관이었다고 한다.

사령관은 '사례금'이라며 돈이 두둑하게 든 봉투를 내밀었는데, 조중훈 회장은 한국인에게 이 정도 친절은 당연한 일이라며 사양했다고 한다. 이에 더욱 감동을 받은 사령관은 "그러면 어떻게 하면 당신을 도울 수 있겠느냐"고 물었다.

조중훈 회장이 "미군에서 쓰다 버리는 폐차를 넘겨주시면 그

것을 고쳐서 사용해보겠습니다"하고 대답하자, 사령관은 흔쾌히 수락했다고 한다. 이렇게 조중훈 회장은 미군에서 버려지는 폐 트럭 '도라꾸'를 불하받아 사업의 발판을 마련할 수 있었고, 이 후 한진은 국내 최고의 물류 수송 기업으로 발돋움해 나갔다고 한다.

신성민 작가는 조중훈 회장의 이 일화는 인생의 타이밍이 만 들어낸 기적 같은 이야기를 담고 있다고 했다. "조중훈 회장은 자 동차를 고칠 수 있는 뛰어난 기술이 있었고, 어려움에 처한 이웃 을 외면하지 않는 따뜻한 품성을 지녔다"며 "나아가 최선의 방식 으로 보상을 받을 수 있는 잠재력을 갖추고 있었으며, 오로지 때 가 무르익기만 기다리고 있었다"고 봤다.

"마침내 '신묘막측'한 일이 벌어졌다. 자동차가 고장 나 어쩔 줄 모르고 있던 미국 사령관의 부인이 눈앞에 나타난 것이다. 타 이밍이 너무 절묘해서 필연으로밖에는 해석할 여지가 없다"고 말 했다.

"만일 조중훈 회장이 그날 힐끗 쳐다만 보고 여성을 외면했거 나, 혹은 자동차를 고칠 기술이 없었다거나, 사례금만 두둑이 받 고 끝났다면 지금의 한진그룹은 없었을지도 모른다"며 "하지만 그는 잠룡(潛龍)의 여의주를 얻어 하늘로 비상하듯 기회를 놓치 지 않고 날아오를 수 있었다"고 호평했다.

또한 "인생의 겨울에는 차분하게 때를 기다리는 지혜가 필요 하다"고 강조한다.

"계절이 무르익어야 열매를 맺을 수 있고, 거목으로 자라날 수 있는 나무의 씨앗도 기후가 맞지 않으면 싹을 틔울 수 없다"며 "성급하게 굴지 말고 '나를 위한 때'가 오기를 인내해야 한다"고 조언한다.

조중훈 전기를 통하여 "준비를 마치면 누구에게나 기회가 찾아온다는 사실을 절대 잊어서는 안 된다"며 "기회가 오지 않았다면 아직 준비가 덜 됐기 때문"이라고 말한다.

보이지 않는 힘은 언제 어디에서든 찾아온다고 믿는다.

굴지의 대한항공, 한진, 한국공항을 위시한 건실한 세계적인 기업들을 키우신 조중훈 회장께서의 성취와 사업보국의 정신을 우리 젊은이들은 꼭 기억해야 하지 않을까?

김우중 회장 세계경영의 꿈, IMF로 좌절

내가 충북은행 안전실장으로 취업하고 근무할 때 은행의 대주주였던 분이다. 재정보증으로 파산을 하고 자녀 2명의 학비를 지원하는 직장을 찾았을 때 청주에 있는 충북은행은 공석이었다. 갈 사람이 없다는 것이었다. 곧 부도가 난다는 소문이 있었고 아무도 인수를 희망하는 사람이 없었고 급여도 적게 받는 곳이었다. 외환은행에 재정보증을 해소하기 위한 압류 금액 10년분을 배상하고 힘들게 부임하였을 때 부실 은행이었다.

나는 그런 걸 따질 겨를이 없었다. 근무를 시작하고 1년쯤 지났을 때 자본금이 완전 잠식되어 김우중 회장이 투자를 하여 대주주가 되었다. 나는 우선 밥값(급여를 받는 대가)을 해야 한다는 사명감으로 예금 유치를 위해 뛰어 다녔다.

4년쯤 지났을 때 매년 업무 평가에서 발군의 실적을 올려서 은

행장으로부터 총애를 받았다. 그리고 안전실장 후임자에게 업무를 인계하고 저축본부장으로 임명 준비를 받았다. 다른 은행원들은 대부분 나를 시기하여 경원하고 은행을 사랑하는 소수만이 성원을 주었다. "자기 업무도 아닌 일을 왜 하느냐?" 하며 미움의 대상이 된 것이다.

그러나 나는 내 직장이 망해서는 안 된다는 생각뿐이었다. 임원으로 내정되자 노조의 격렬한 반대에 부딪쳤다. "군바리가 무슨 은행 임원이냐?"는 시위를 하게 되어 극구 사양한 일이 있었다.

검사부장으로 잠정 임명 되었을 때 서울로 호출을 받았다. 황창익 행장을 수행하여 대주주였던 김우중 회장을 처음 만났었다. "노조의 반대를 서운하게 생각하지 말고 인간관계를 정성껏 하여 다음 기회를 봅시다" 하고 격려를 받은 일이 있다.

"회장님. 감사드립니다. 제가 육군에서 21년을 근무하고 불운하게 전역했습니다. 그러나 저는 죽을 때까지 군을 사랑하겠다는 마음이고 나라를 위하여 기도하고 있습니다. 충북은행에서 5년간 월급 받아서 먹고 살고 아이들 공부시키고 빚도 다 갚아가고 있는데 충북은행과 임직원들에게도 은혜를 잊지 않고 정성껏 더 잘 하겠습니다." 하였더니 "대우그룹에 와서 근무하면 어떨까요?" 라는 제안을 받은 일이 있다.

아이들이 모두 중고생이어서 청주를 떠날 수 없다는 말씀드리고 그 뒤 창업하였을 때 도움을 주신 인연을 깊이 감사하고 있다.

김우중의 도전은 어떤 교훈을 주었을까요?

김우중의 도전 정신은 산업화 성공을 이끌고 대한민국의 글로벌화에도 기여하지 않았을까? 한마디로 '할 수 있다' 정신이 세계경영의 꿈을 펼쳤다고 본다.

"김우중 전 대우그룹 회장은 실패한 기업인이다. 김 회장은 전과자이자 세금 체납자다. 그는 외환 위기 이전까지만 해도 41개 계열사에 396개 해외 법인을 거느리고 '세계경영'을 이끌었다. 하지만 1999년 그의 '글로벌 함대'는 유동성 위기로 궤멸됐다.

대우그룹은 1999년 7월 19일 '구조조정 가속화 및 구체적 실천 방안'을 발표했다. 김 회장과 계열사의 보유 주식, 10조 원의 부동산을 채권단에 담보로 제공한다는 게 골자였다. 김 회장은 대우자동차 전문 경영인으로서의 역할만 맡는다는 내용도 포함됐다. 그걸로 끝이었다. 강봉균 당시 재정경제부 장관은 김 회장은 대주주로서의 권한을 잃었다고 선언했다.

대우그룹의 몰락은 그에게서 거의 모든 것을 앗아갔다. 대우의 공중분해와 함께 그는 경제적 망명길에 올랐다. 베트남 등지를 떠돌다 6년 만에 귀국했다. 법원은 분식 회계 및 사기 대출 등의 혐의로 징역 8년 6개월에 벌금 1,000만 원, 18조 원의 추징금을 선고했다. 그는 2007년 말 대통령 특별 사면으로 풀려났다.

남은 재산도 거의 없다. 이건 은행 사람들도 인정할 정도다. 이헌재 당시 금융감독위원장은 대우그룹이 제공한 담보 리스트에서 김 회장 아들의 이름을 딴 '선재 농장'과 방배동 자택은 빼줬다. 하지만 이마저도 은닉 재산이라는 비판이 나오자 경매로 넘어갔다. 대우정보통신 차명주식 등 뒤늦게 발견된 재산도 검찰의 압류로 공매 절차를 밟고 있다.

이제는 그의 경륜마저 조롱의 대상이다. 지난 4월 개성공단이 폐쇄된 후 김 회장은 사전 준비가 부족했기 때문이라고 지적했다. 호사가들은 이를 놓치지 않았다. 인터넷에는 세계경영이야말로 준비가 부족한 상태에서 추진된 것이라는 비판이 흘러나왔다.

그는 과(過)도 크지만 공(功) 또한 무시할 수 없는 인물이다. 강봉균 전 재경부장관은 김 회장은 산업화 시대의 인물일 뿐이라고 평가했다. 맞는 말이다. 하지만 산업화가 있었기에 대한민국의 글로벌화가 가능했다. 역사는 간단(間斷) 없는 흐름이다. 비약은 없다. 아버지가 없으면 나도 존재할 수 없다.

산업화 시대를 특징짓는 단어 하나를 꼽으라면 도전 정신을 먼저 떠올리게 된다. 이른바 '할 수 있다(can do)', '해야 한다(should do)'는 마음가짐이 산업화의 성공을 이끌었다. '캔 두 스피릿(can-do spirit)'가 있었기에 열사(熱沙)의 땅 중동(中東)이나 독일의 탄광을 마다하지 않았다.

김 회장은 새로운 시장을 개척하고, 일감을 가져오기 위해 솔선수범했다. 일감이 있다고 여기면 아무리 험한 오지 출장이라도 꺼리지 않았다. 의류 수출 납기가 빠듯하면 여성 노동자들을 배에 태운 후 배 안에서 옷을 짓게 만들었다. '할 수 있다', '해야 한다'는 마음가짐이 있었기에 가능했다.

이제 '캔 두 스피릿'은 자취를 감추고 있다. 장애물이 있으면 그것을 돌파하거나 우회하기보다는 주저앉는 게 보편화됐다. 갈등은 극복 대상이 아니다. 오히려 의사 결정을 가로막는 상수(常數)로 치부해 버린다. 이래서는 새로운 도약을 기대할 수 없다.”

정문재 뉴시스 부국장의 글

『우리 사회는 어느새 야성(野性)을 잃고 초식(草食)동물로 전락했다. 시급한 것은 야성과 도전 정신의 회복이다. 그래서 김우중이 더욱 그리워진다.』

사랑받는 기업 유한양행을 창업한 유일한 박사는 어떤 가르침을 주었을까요?

유일한은 1922년, 27세때 미국에서 숙주나물 장사를 시작한다. 숙주나물 장사는 승승장구하여 성공을 거듭하고, 창업 4년만에 50만 달러를 벌어들인다.

1924년, 숙주나물 생산에 쓸 녹두를 구하러 고국에 돌아온 유일한은 세브란스 의학전문학교 에비스 원장을 만난다. 에비스 원장의 영향으로 중국 출신의 부인 호미리와 주위의 반대를 무릅쓰고, 1926년 가을 회사를 정리하고 영구 귀국 하기로 결심한다.

귀국한 유일한은 비참한 일제 치하 고국의 실정을 보고, 교수직을 맡기로 했던 당초 계획을 바꿔 단순히 영리만을 목적으로 한 기업 경영이 아닌 민족에 봉사하기 위한 기업 경영을 시작한다. 수입 약품을 주로 판매하던 유한양행은 창립된지 5년 만에 탄탄한 기반을 잡고, 만주, 중국, 동남아까지 판로를 확장한다.

그는 1936년 세계적으로 유명한 화학자인 데이비드 발레트 박사를 초빙해 제약의 기술 책임자 자리에 앉히고 수입 약품에 못지않은 질 좋은 약품을 생산하기 시작한다.

1946년 유한양행의 재건에 힘쓰는 한편, 대한상공회의소 초대 회장을 역임한다. 유일한은 숱한 정경유착의 유혹을 물리쳤고, 그로 인해 많은 불이익을 당한다. 그러나 그의 경영 원칙은 단 한 번도 흔들림이 없었다.

1968년 세무 사찰을 받은 뒤 국세청으로 부터 모범 납세 업체로 선정된다. 1936년 종업원 지주제를 실시했던 유일한은 1969년 기업의 제일선에서 은퇴하면서, 혈연 관계가 전혀 없는 전문 경영인에게 경영권을 넘기고 전문 경영인 시대를 연다.

그는 1954년부터 본격적인 교육 사업을 시작했는데, 자신의 사재를 털어 고려공과기술학원을 세웠다. 이후 한국직업학원, 유한공고를 설립하는 등 교육 사업에 심혈을 기울였다. 그러면서 유한양행의 총 주식 40%를 각종 공익 재단에 기증하는 등 모든 소유 주식을 사회에 넘겼다.

1971년 3월 11일 76세를 일기로 유일한은 그의 나머지 모든 재산마저 공익 재단에 기부한 뒤 빈손으로 홀연히 세상을 떠난다.

그의 딸 유재라 씨도 1991년 미국에서 숨을 거두며 자신의 전 재산을 공익 재단인 유한재단에 기부했다. 2대에 걸쳐 전 재산을 사회에 환원한 신화를 이룩했다. 한국 경제 전문가들이 국내에서 가장 존경하는 기업인, 전재산을 사회에 되돌려준 참된 기업가, 바로 유일한을 수식하는 말들이다.

오늘의 부강을 이루는데 헌신한 기업인들을 우리는 존경하고 그 은덕을 젊은 여러분은 명심해야 한다.

그들의 도전 정신과 피땀 어린 헌신이 오늘날의 발전을 가져왔다는 것은 명확한 진실이다. 그 외에도 훌륭한 기업인이나 기업에서 묵묵히 임무를 수행해 온 노동자들의 공로를 우리가 잊지 않고 도전 정신과 열정으로 이어가야 하지 않을까?

아울러 농촌에서, 작은 기업에서, 공단에서 또 열사의 사막에서 독일의 지하 탄광에서 소리 없이 정성을 다바쳐 오늘의 선진국을 이루는데 심혈을 기울인 배고픔을 이겨낸 어른 세대에 감사해야 한다.

박정희는 가난 극복의 영웅인가? 독재자인가?

박정희는 누구인가? 오늘날의 선진국 도약은 박정희라는 위대한 지도자가 있었기 때문에 가능하지 않았을까? 오늘날에 박정희의 리더십을 높이 평가한다고 보수우파로 볼까? 박정희의 족적을 보았을 때 그는 이념에 메이지 않는 오직 가난 극복이 신앙이고 숙원이었다. 가난한 나라를 잘살아보게 하겠다는 충정하나만으로 살다 간 위대한 지도자였다.

나는 누가 나라를 잘 이끌어 갈까? 누가 정직하게 국민들을 위하여 헌신할까? 어느 정당이 국민들을 위하여 역동적으로 일하고 행복을 안겨 줄까?가 선택의 기준이었지 '묻지 마' 지지를 늘 경멸하였다. 냉철하게 봤을 때 오늘의 부강한 나라 건설은 박정희의 지도력을 빼고는 말할 수 없을 것이다.

박정희 전 대통령은 1917년 11월 14일 경북 선산군 구미면 상모사곡동에서 태어났다. 그의 가족은 어려운 환경에서 살았지만, 그는 열심히 공부하여 대구사범학교를 졸업하고 교사로 근무하다가 만주군관학교에 들어가 수석으로 졸업하고, 일본육사에 편입하여 차석으로 졸업한 후 해방된 다음 단기육사 2기로 임관하여 군인의 길을 걸은 위대한 지도자이며 가난 극복의 영웅이다. 그는 군인으로 청렴하고 불편부당한 자세로 근무하면서 많은 견제를 받기도 하였다.

해방되고 곧 군에 들어간 옛 일본군 출신 동료들과 다르게 사회 변화에 관심을 가지고 남로당 활동 등 과거를 의심 받는 행적으로 군에서 근무하면서도 사상을 의심받아 군법회의에서 사형을 구형받는 등의 시련을 겪기도 하였다. 형 집행이 정지되어 문관으로 근무하다가 한국전쟁이 발발하여 다시 육군 중령으로 소집되어 군에 복무하게 된 파란만장의 주인공이다. 그의 공로와 과오를 요약하겠지만 그가 있었기 때문에 우리나라의 오늘날 번영을 이루었다는 것을 잊어서는 안 된다.

더욱 중요한 점은 정치지도자의 안목과 지도력이다. 박정희 대통령의 '하면 된다'라는 주인의식이 국민을 이끌었다. 그런 지도력 없이는 국민이 깨어나는 데 더 많은 시간이 걸렸을 것이고, 전후 독립한 140여 개 다른 신생국들과 다를 바 없었을 것이다.

이념 갈등으로 사회분열이 격화되고 젊은이의 도전정신이 위축되어 나라 전체가 흔들리는 이 시기에 비전과 용기를 가진 지도자의 역할이 무엇보다 중요하다.

박정희 연구를 후원하게 된 연유는
어디에 있었나요?

2007년 초여름 어느 교수가 찾아왔다. 명지대 부설 신한국학 연구소장인 정성화 교수였다. "박정희를 어떻게 생각하느냐?" 하고 물었다. "존경한다. 인권을 억압하고 유신을 통하여 민주주의를 후퇴시킨 과오는 있지만 초근목피로 연명하던 우리를 가난에서 벗어나게 해준 위대한 분이라고 생각한다"라며 답변하였더니 "어느 기업인이 박정희 연구 후원을 시작하고 부도가 나서 중단하게 되었는데 연구 후원을 해줄 수 있느냐?"고 물었다.

즉석에서 수락하였다. 조은문화재단의 이후득 이사가 업무를 지원하고 10년간 매월 1회씩 박정희 시대의 정책 입안자, 정치인, 기업인, 공무원, 문화예술인 등을 초대하여 그 당시의 상황을 10여 명의 교수들이 교대로 대담 기록하고 그 자료를 녹음하면서 일부는 책으로 발간하는 일을 하였다. 방대한 자료는 현재 대통령기록관에 보관되어 있다.

언젠가 박정희 연구를 체계적으로 하게 된다면 한국근대사의 소중한 역사 자료가 되리라 믿는다. 10년을 약정하고 끝난 다음 지속적으로 지원을 요청받았으나, 박정희 탄생 100주년 행사를 기획하는 등 여러 행사가 준비되는 중에 박근혜 대통령 탄핵 등 정치 상황에 영향을 받게 되어 주최 기관들의 기피로 정해진 기간으로 종료한 아쉬움이 있다.

박정희의 과오는 무엇이었을까요?

박정희 전 대통령은 1961년 군사혁명을 일으켜 정권을 장악하였다. 반공과 구국, 가난 극복의 기치를 내걸고 1963년부터 1979년까지 대한민국 제5대부터 제9대 대통령을 역임하였다. 그의 통치 기간 동안 한국은 급속한 경제 성장을 이루었지만, 그의 독재 정치에 대한 비판도 있었다.

그의 과오로 정치적 억압과 인권 침해를 지적받고 있다. 경제 발전과 국가 현대화를 추진하는 과정에서 강력한 권위주의적 방법을 사용했으며 이러한 방식은 경제적 성과를 이루는 데 기여했을 수 있지만, 정치적 자유의 억압, 언론의 자유 제한, 고문과 같은 인권 침해 사례 등으로 이어졌다.

또한 유신 체제의 도입은 그의 정치적 실패 중 하나로 평가되며 1972년 유신헌법을 통해 대통령의 권한을 대폭 강화하고, 장기 집권의 길을 열었고 이는 정치적 반대와 불만을 억제하기 위한 수단으로 사용되었으며 한국 사회 내에서 심각한 분열과 갈등을 초래했다는 비난을 받고 있다.

이러한 정치적 억압과 인권 침해는 박정희 전 대통령의 업적을 평가할 때 여전히 논란이 되고 있고 그의 가장 큰 실패 중 하나로 간주될 수 있으나 역사적 인물의 평가는 그의 성취와 실패 모두를 종합적으로 고려해야 하지 않을까?

박정희 대통령의 공로를 어떻게 평가해야 할까요?

그는 우선 청렴한 지도자였다. 개인 재산을 축적하거나 친인척에게 특혜를 주는 일을 하지 않는 오직 멸사봉공(滅私奉公)의 길을 걸어온 그 당시 후진국에서 찾아볼 수 없는 리더였다. 역대 한국 대통령들이 부패하거나 무능하다는 평가를 받는 경우가 있었는데 그는 결단력과 추진력을 겸비한 분이었다. 나는 정치적으로 보수나 진보를 초월하는 한쪽에 치우치지 않는 사람의 시각으로 그를 존경하고 있다.

박정희 정부는 수출 증대를 경제 성장의 핵심 전략으로 삼았다. 외국 자본과 기술 도입을 적극 장려하고, 수출 기업에 대한 각종 지원책을 마련하여 중화학공업 육성 정책을 통해 철강, 기계, 화학 등 주요 산업 기반을 구축하였고 이 과정에서 과잉 투자와 부실 기업 문제가 발생하기도 하였다. 부실 기업 문제 해결을 위해 산업금융 정책을 추진하여 정부가 직접 기업에 자금을 지원하고 관리하는 등 적극적인 개입 정책을 펼쳐 오직 가난에서 벗어나는 데에 집중하였다.

또한 자주국방 역량을 강화하기 위하여 율곡계획을 입안 추진하여 오늘날의 전쟁억지 전략을 추진하면서 방산 수출 강국으로의 도약의 바탕을 마련하였다.

또한 새마을운동을 추진하여 농촌 인프라 구축과 소득 증대에 기여하였다.

나는 박정희라는 이름만 생각해도 마음이 뭉클하다. 우리는 좋은 지도자를 만난 행운이 있었고 허리띠 졸라매고 헌신한 국민들이 함께했던 축복이 있었다.

경제 발전과 가난 극복을 이룬 위대함은 어떤 의미일까? 청렴하게 살며 일생을 조국의 발전에 바친 생애를 어떻게 평가할까?

독재자라는 굴레 속에 가두어 두어야 할까? 이제는 국내외의 찬사를 받은 그의 족적을 평가해야 하지 않을까? 우리가 선진국을 이룬 것은 어느 지도자 덕분일까?

벌거벗은 산에 산림을 조성하고 천수답이 대부분인 농촌을 혁신하고 허허벌판에 조선소를 짓고 중화학 공업과 기계 산업을 일으키고 고속도로를 만들고 전자 산업의 성장 기틀을 만들었던 그의 경륜을 높이 평가해야 한다. 지금의 정치인들은 자기들이 해도 가능했다는 얘기를 하는데 누구도 할 수 없었던 위업을 이루었다.

우리에게는 여러 지도자가 있었다. 그러나 업적 평가에 앞서 돈으로 치부를 했다든지 부패하거나 무능했다면 존경할 수 없을 것이다.

경제개발 과정에서 부작용이 없었을까요?

박정희 대통령의 경제 정책은 한국 경제 발전의 토대를 마련했지만, 동시에 부작용과 한계도 있었다. 우선 지역별로 동부지역에 편중되지 않았을까 하는 평가에 주목할 수 있다. 산업 시설에 필요한 토지나 수자원, 교통 여건, 수출입의 지역조건이 편리한 영남 쪽에 큰 공장들을 건설하고 수출 산업을 육성하기 위하여 대기업을 집중적으로 지원하여 대기업 집단이 형성되고 중소기업이나 중견기업이 상대적으로 성장하지 못한 결과로 이어졌다.

또 농촌과 도시, 부자와 가난한 자, 교육 여건의 차이, 인구 문제 등 더 균형 잡힌 여러 정책을 수립해 나가야 하는 명제를 안고 있다. 일제 강점기 1943년에 인구조사를 할 때 호남은 영남보다도 24만 여 명이 많다는 통계가 있었는데 지금은 2.5대 1로 영남이 많은 여건이 되고 균형 발전을 못하고 수도권으로 밀려드는 상황이 지속되고 있다.

양극화를 완화하고 균형 발전을 시켜야 하는 과업은 젊은 여러분에게 짐이기도 하고 우리 모두가 혼신의 노력으로 부강하고 행복한 나라 만드는데 더욱 노력해야 한다. 국가부채나 가계부채가 급격히 증가하고 인구는 감소하는 여건에서 연금이라든지 노동 개혁, 의료 개혁 등 미래 세대가 짊어져야할 부담을 적게 만드는 일도 우리가 안고 있는 큰 과업이다.

내가 아주 작은 편린들이라도 여기에 기록하는 것은 차세대 리더로 성장할 여러분들이 안게 될 큰 숙제로 생각하고 우리 모두가 힘을 합쳐 극복해 나가기를 바라는 충정이다.

그에 대한 외국 지도자들의 평가는?

많은 세계의 지도자들이 박정희를 존경하고 한국이 낳은 위대한 지도자로 칭송하고 있다. 우리 일부 인사들은 작은 과오만을 비난하며 폄훼하는 경우가 있는데 우리나라의 발전에 기여한 공로에 대하여 경의드려야 한다.

엘빈 토플러	민주화는 산업화가 끝난 후에 가능하다. 박정희 모델은 세계가 본받고 싶어 하는 모델이다.
헨리 키신저	20세기 혁명가 중 경제 발전이라는 기적을 이룬 사람은 오직 박정희 한 사람뿐이다.
후진타오	나는 새마을운동을 많이 연구했다. 상당수 중국인들이 박정희를 존경한다.
등소평	박정희는 나의 멘토다. 아시아의 4마리 용 중 박정희를 주목하라.
김정일	예전에 유신에 대하여 말들이 많지만 박정희는 새마을운동을 통하여 경제를 성장시키지 않았는가? 서울을 보라. 도쿄보다 나은 민족의 자산이다. <정주영과 대화>
리콴유	박정희대통령이 눈앞의 이익만 쫓았다면 지금의 대한민국은 없다. 한국을 번영시키겠다는 박정희의 강한 의지에 깊은 감명을 받았다.
정주영 회장	정치 지도자 중 내가 진정으로 존경한 사람은 박 대통령 뿐이다. 그분의 사명감, 추진력, 그리고 치밀함은 비할 사람이 없을 것이다.

하버드대학교 비교정치학 연구과목
—<박정희 시대의 경제성장>
"고속도로, 조선소도 없는 나라에서 선박, 원자력 기술 등 이미 50년 이상을 내다본 혜안"

우리의 축복은
여러분 세대까지 이어가야 하지 않을까?

우리의 기업가들과 노동자들 그리고 온 국민들이 목숨을 걸듯이 도전하여 성공함으로써 엄청나게 큰 부가가치를 창출한 덕분에 그 혜택을 5천만 한국인이 지금 나누고 있다. 한국인의 소비 수준을 받쳐주는 주요 원천이 기업들이 만들어낸 높은 부가가치에서 나오는 것이다. 원조 받던 나라에서 주는 나라로 변한 것도 그러한 결과였다.

더욱 중요한 점은 정치 지도자의 안목과 지도력이다. 박정희 대통령의 '하면 된다'라는 주인의식이 국민을 통합하여 이끌었다. 그러한 지도력 없이는 국민이 깨어나는데 더 많은 시간이 걸렸을 것이고, 전후 독립한 140여 개 다른 신생국들과 다를 바 없었을 것이다.

나는 걱정이 있다. 이제 역동성이 퇴색되어 처음으로 부모 세대보다 가난해지는 세대가 젊은 여러분 세대가 되리라는 경제학자들의 예측이 있다.

이념 갈등으로 사회 분열이 격화되고 젊은이의 도전 정신이 위축되어 나라 전체가 흔들리는 이 시기에 비전과 용기를 가진 여러분이 나서야 한다. 젊은 지도자의 역할이 무엇보다 중요하며 여러분은 할 수 있다는 자신감을 가지고 세상을 밝게 변화시키는 도전을 즐기기 바란다.

6

젊은 세대와 함께 나누는

미래의 화두와 질문

많은 경제학자들은 지금의 여러분(MZ)세대야말로
내가 살았던 배고픈 세대보다
더 가난한 세대가 될지 모른다는 우려를 하고 있다.
그러나 걱정할 필요는 없다.
여러분들은 축복받은 사람들이 아닐까.
여러 면에서 세계를 놀라게 하는
K-팝, K-컬처, K-뷰티에서 K-방위산업까지
활력 넘치는 한국 문화를 창출하고
번지게 만드는 멋진 세대이며
파리올림픽에서의 구김살 없는 선전이
여러분의 세대에서 이루어진 것을
우리 모두 대견하게 바라보게 하고
자부심을 심어주기 때문이다.

우리가 안고 있는 가장 큰 고민들은 무엇일까요?

내가 만나는 환경이 넉넉하지 못한 청년들의 대부분은 많은 고민과 난제를 가지고 있다. 학업이나 취업, 이직을 번민하거나 결혼을 할 것이냐 그냥 지낼 것이냐?

부모로부터 집을 물려받지 못하는 사람들은 영원히 집을 마련할 수 없다는 푸념을 듣거나 지금의 주입식 획일화된 교육 시스템으로는 창의성과 도전 정신을 키울 수 없다는 생각을 들려주기도 한다. 결혼과 아이를 낳아서 잘 키울 수 없을 것 같다는 자조적인 얘기를 듣는다. 부모에 이끌려서 어려운 여건에서 과외도 받고 외국 연수도 다녀와서 할 일이 마땅치 않다는 고민을 들을 때가 많다.

젊은 청년들에게 옛날 얘기는 반감만 일으킬 것이다. 그러나 과거의 가슴 아픈 얘기들을 해주고 싶다. 일할 곳이 없어서 독일이라는 나라에 광부로 가서 1,000미터 지하에 내려가 뜨거운 지열을 견디며 석탄을 캤던 선배들, 간호사로 파견되어 밤새워 가며 죽은 시체를 닦아야 했던 설움, 열사의 나라 중동에 80여 만 명이 나가서 땀 흘려 일할 수 있었던 일을 축복이라고 생각했던 과거를 어떻게 설명해야 공감할 수 있을까?

기대에 미치지 못하고 경쟁에 지친 청년들에게 '공장에는 일손이 없어서 가동을 어려워 한다. 농촌에는 일손이 부족하여 농사를 못 짓고 있다'라고 얘기한다고 문제가 해결될까?

모두가 대학을 나와 모두가 좋은 직장만을 구하고 있는 현실에서 우리 사회는 어떤 대안을 제시할 수 있을까? 여건이 어려운 공장이나 농촌에는 외국에서 온 노동자들이 없으면 제대로 돌아가지 않는 현실을 놓고 심각한 대화를 나누고 있다.

인구 감소와 고령화 사회로의 진입은 중대한 문제가 아닐까?

우선 단기간의 경제 성장과 사회 변화를 겪으면서 인구의 급격한 감소로 사회 전반적인 에너지가 고갈되어 가고 있지 않나 여기고 있다. 부를 이루는 방식이 근로의 과실이 아니라 부동산, 주식, 코인 등 일확천금에 의지하여 막대한 부를 이룬 사람들이 더 큰 불로소득을 창출하는 방식으로 사회 질서를 무너뜨린 경우가 많았고 가난하거나 기회를 얻지 못한 사람들은 거의 포기 상태로 좌절하고 있는 경우를 보게 된다.

인구 감소뿐만 아니라 지방 소멸도 한 발씩 다가오고 있다. 너도나도 서울로 수도권으로 몰려들고 있는 현실은 무엇을 말하고 있을까?

이제 인구의 절반 이상이 수도권에 사는 기형적인 나라가 되었다. 같은 서울에서도 지역 간의 소득의 격차가 심해지고 어린 아이들이 어느 아파트 몇 평에 사느냐로 우월감을 나타내는 한 그 아이들이 자라서 좋은 사회를 이끌어 가는 리더가 될 수 있을까? 나는 한 번도 강남 지역에 살아보거나 부동산으로 돈을 벌어본 일이 없는 사람으로 우리나라가 부강하고 모든 사람들이 행복을 나누는 사회가 되기를 간절히 기도하고 있다.

인구 추이와 출산에 대한 인식을 살펴보면 어떨까?

올해 태어날 아이들은 23만여 명으로 예상된다고 한다. 2000년생이 62만여 명, 1980년생이 82만여 명, 1960년생은 85만 여 명이었는데 이제 하향 곡선을 그리고 있다.

40여 년 전에는 '아들 딸 가리지 말고 둘만 낳아 잘 기르자'며 산아 제한 정책을 펴다가 '둘도 많다. 하나만 낳자'며 피임을 독려하였다. 예비군 훈련장에서는 훈련 면제 조건으로 정관 시술을 장려하기도 했다. 이제 급격히 줄어든 인구 감소 문제는 초미의 관심사가 되었다.

젊은이들에게 묻는다.

"왜 아이를 안 낳으려고 하느냐?" "낳아서 잘 키울 자신이 없다." "누가 도와줄 사람이 없다" "아이 키우면 어떻게 집 마련하고 교육시키느냐?" 우선 겁부터 먹고 있는 것을 본다.

이제 부모 세대들은 나도 너희들 키우느라 힘들게 살았는데 너희 세대에까지 헌신하지 않겠다는 말들을 하고 있는 것을 이해해야 할까? 어떻게 받아들여야 할까? 고민은 이어진다.

우리의 현실적인 갈등 구조는 무엇이 있을까요?

불만이 있는 경우가 너무 많은 게 문제다. 경쟁으로 살아온 세대가 겪게 되는 다양한 분야의 불평등을 어떻게 이해해야 할까? 우선 정치적으로 여야를 지지하는 사람들의 견해 차이가 심각하고 경제적인 양극화 문제, 젠더 갈등, 청년들과 노인의 문제, 수도권에 대한 지방의 불만, 대기업과 중소기업간의 격차, 무주택자의 집 마련에 대한 벅찬 희망, 경영자와 노동자의 이해가 얽힌 근로조건이나 임금 조정 문제들이 늘 우리를 힘들게 하고 있다.

많은 젊은이들이 묻는다. "세상은 공정한가요?"

여러분은 어떤 답을 할까? 깊이 생각해보면 어떨까? 어느 세상이나 공정하고 모두가 만족하는 세상이 있을까?

우리가 추구하는 욕구가 다른 것을 인정한다면 공평하고 똑같은 삶을 가질 수는 없다. 정부나 지도층은 그 격차를 완화해줄 수 있는 정치적·사회적·경제적인 노력을 하고 공감하는 한계를 찾는 과정이 있어야 한다.

결국은 누가 조정해주고 설득시키고 여러 사람들이 인정하도록 할 수 있을까? 정치 지도자의 혜안과 추진 능력이 소중하다.

그래서 나는 늘 세대 교체를 통하여 새로운 리더십을 창출해야 한다고 말하고 있다.

새로운 리더십을 창출한 경우의 사례는 어떨까요?

일본인들에게 역사상 가장 존경하는 사람을 물어보면 '사카모토 료마'를 꼽는다. 큰 관직, 명예, 특별한 성취도 이룬 사람이 아니다. 서양의 변화를 보고 나라가 가야 할 길을 제시한 사람이다.

30세 젊은이로 명치유신의 개혁을 이끈 단초를 만들어 주고 33세에 자객의 칼에 죽은 사람이다. 불합리와 부조리가 뿌리 내린 기존의 틀을 깬 선각자이다. 그가 추진했던 애국애족의 정신이 모두를 감동하게 만든 것이다.

신봉승 작가는 우리에게도 그런 선각자가 있었다고 말한다. 이동인이라는 승려였던 중인이 일본에 가서 실력 있는 분들과 교유를 이루고 조선의 변화를 위한 포부를 가지고 김옥균, 박영효 등 유능한 젊은이들에게 조선의 개화를 설득하고 추진하는 도중에 고종을 만나고 나온 후에 행방불명되어 그 기회를 잃었다고 안타까워 한다.

아마 수구파에 의해 암살되었으리라는 추측을 하고 있다. 사카모도 료마는 일본 역사에서 위대한 사람으로 평가받고 있는데 변화를 싫어했던 우리 조선은 이동인이라는 애국자이며 괴짜의 존재 자체도 철저히 무시하고 어느 근대사에서도 논의조차 되고 있지 않다.

100여 년이 지난 이제라도 우리는 개혁과 변화를 시도하고 이루어야 한다.

반대만을 일삼아온 사회 문화는
언제부터 시작되었을까요?

경부고속도로를 추진하였을 때 정치인들의 일부가 차도 없는 나라에서 무슨 고속도로냐며 길바닥에 누워 극구 반대한 일을 나는 생생히 기억한다.

노태우 정부는 우리가 아는 인식과는 다르게 일을 많이 한 업적을 남겼다. 국가 운영 자체를 민생에 두고 주택 문제를 획기적으로 추진하여 분당, 일산 등 신도시를 건설하여 주택난을 완화시키고 국가 기간산업을 적극 추진하여 도로망, 철도, 항만, 항공 등 여러 분야를 크게 발전시켰다.

당시 정부는 북방정책을 추진하여 구소련과 중국 등 공산권 국가들과 수교하고 고속철도를 도입하고 인천 영종도에 국제공항을 추진하는 등 일을 많이 한 것으로 평가되고 있다. 그 당시 영종도라는 섬을 지정하여 공항을 만든다고 하였을 때 극렬한 반대가 있었다. 새로 만드는 활주로가 침하 현상으로 가라앉는다고, 심지어는 새떼로 인하여 항공기 운행이 안 된던 자들이 정치인과 대학교수, 환경단체가 있었는데 세계적인 공항으로 우리의 국격을 높여주는 자랑 중 하나가 되었다.

오늘의 인천공항은 그들도 잘 이용하고 있을까? 지금 어디서 무엇을 하고 있을까? 국가 백년대계를 수립할 틈도 없이 곳곳마다 갈등이 표출되어 사회 시스템을 정비할 여유가 없었다.

그러나 그 당시에 민주화 욕구가 절정에 달하고 그때부터 온통 민심이라는 수렁 속에 일을 제대로 추진하지 못하는 병이 생겼었다. 오랜 갈등이 내재되어 있다가 갈등의 표출이 심해져서 심지어는 회사의 노조원들이 회사 대표를 드럼통에 넣고 굴리는 고통을 주고 조롱한 일도 벌어졌다. 자기가 근무하고 있고 급여를 주는 대표에게 할 수 있는 일이었을까?

사회가 완전히 질서를 잃어버린 상황이 되었다. 그런 상황에서 직선제 개헌이 실시되고 야당의 분열로 노태우 정부가 탄생되었었다. 그리고 철학이 없는 국회의원들이나 정치인들에 의하여 오늘에 이르지 않았을까? 그 이후로는 민주화 최우선의 문화가 형성되고 합리적으로 추진하는 정책들이 정당의 이해에 따라서 바뀌는 일이 반복되어 오늘날에는 갈등 해소와 숙의 없이 일방적인 정치 문화가 생성하게 되었고 누구도 심각하게 해결하려는 의지 없이 오늘에 이르게 되었다.

지금 가고 싶어 하는 직장은 쉽게 들어갈 수 있을까요?

젊은이들의 취업은 어렵다. 가고 싶어 하는 직장? 어디일까? 대기업일까? 국가기관일까? 공무원일까? 여러분 이전 부모 세대에는 거의 공채로 많은 수를 선발하여 교육을 시키고 배치하는 방식이었다. 지금은 거의 대기업이 필요한 인력을 필요한 시기에 경력직으로 선발하는 방식을 많이 채택하고 있다.

중견기업이나 중소기업에서 유능한 인재를 선발하여 활용하는 추세가 되고 있다. 또 공무원이나 대기업에 들어간 젊은 인재들이 적성에 맞지 않아 1년 이내에 사직하는 비율이 18%에 달한다는 통계도 있다. 너무 많다는 공무원 숫자가 올해 처음으로 줄어든다는 보도도 있다. 젊은 세대의 이직 현상이라고 한다.

작은 회사나 스타트업에서 여러 가지를 해보면서 출발하면 어떨까? 얼마 전 '인턴'이라는 영화를 본 일이 있다. 70대의 인턴 경험과 30대의 CEO 열정으로 좋은 콤비를 이루어 문제들을 잘 해결해 가면서 경영을 보람 있게 하는 과정이 인상적이었다.

이제 여러분 세대는 많은 경우에서 아버지뻘 되는 인턴이나 알바를 채용하여 그들의 지혜를 활용하는 미래를 가질 것이다.

좋은 직장에 들어가기 위한 준비는?

자신의 목표와 가치를 파악해야 한다. 어떤 분야에서 일하고 싶은지, 어떤 가치관을 갖고 있는지 명확히 하고, 그에 맞는 직장을 목표로 삼는 게 중요하다.

스킬과 경험 쌓기는 필요하다. 필요한 기술과 경험을 갖추는 것이 기본이며 관련된 자격증을 취득하거나, 프로젝트를 통해 실무 경험을 쌓는 것이 좋을 것이다.

네트워킹은 업계의 사람들과 연결되고, 관련 행사나 모임에 참여해서 인맥을 넓히는 것이 중요한데 많은 경우 네트워크를 통해 좋은 기회를 얻을 수 있으나 지금은 특혜를 배제한다는 측면에서 블라인드 채용을 권고하고 있다.

　이력서와 자기소개서를 잘 준비하는 것도 중요하다. 자신이 어떤 사람인지, 어떤 경험과 성과를 가지고 있는지를 잘 표현할 수 있어야 하고 면접에서 자신을 잘 어필할 수 있도록 준비하는 것이 중요한데 예상 질문에 대한 답을 미리 준비하고, 자신감을 가지는 것이 도움이 될 수 있다. 지금은 천편일률적인 이력서를 보지도 않고 던져 버리는 일도 있다고 한다. 독특한 자기만의 가치를 설득시키는 노력이 중요하다고 본다.

　일하고자 하는 업계의 최신 동향과 트렌드를 파악하는 것도 중요하고 기업의 변화에 적응할 수 있는 능력을 보여주는 것이 유리하다.

　이제는 평생직장은 거의 없다고 봐야 한다. 계속해서 배우고 성장하는 자세로 새로운 기술이나 지식을 습득하며 스스로 발전해 나가는 것이 중요한 자산이 될 것이다.

　특히 AI 연관 산업이나 반도체, 배터리 산업 분야는 인재를 구하지 못하여 찾아다니고, 취업을 원하는 사람들은 일자리가 없어서 쉬고 있거나 취업할 의사가 없는 청년들이 100만 명이라는데 동의할까?

왜 한국에서는 청년 취업이 어려울까요?

한국은 높은 교육 수준을 자랑하지만, 이는 동시에 많은 졸업생이 노동 시장에 진입한다는 의미이다. 특히, 대기업이나 공기업과 같은 인기 있는 직종에는 경쟁이 매우 치열하다. 대학이 너무 많고 따라서 대학 졸업생들이 너무 많다. 처음부터 잘 기획하여 직업전문학교나 산업 현장에 소요되는 인력을 양성하여 행복하게 살아가게 하고 머리가 뛰어난 인재들을 육성하여 과학자나 연구원이나 고급 인력으로 활용하는 시스템을 갖추지 못했을까 하는 후회스러움이 밀려온다.

무엇보다도 임금 격차가 심해지고 대기업과 중소기업의 근무 조건이 가장 큰 요인이 아닐까 여긴다. 평등주의에 젖어 있는 청년 세대는 문화 자체를 이해하지 못하는 경우가 많다. 그럼 어떻게 해소할 수 있을까? 이는 기업과 노조, 정부와 자치단체, 산업 직열 간의 대 타협이 있어야 되는데 정치적으로 풀어야 할 사항으로 미래 세대의 큰 화두가 되고 있다.

청년 실업률은 OECD 국가들 중에서도 상대적으로 높은 편이며 이는 노동 시장의 구조적 문제와 맞물려 있지 않을까? 또한 채용 과정에서의 비리나 불투명성 그리고 네트워크와 인맥 의존도가 높은 것도 문제로 지적된다. 그래서 블라인드 채용 방식을 도입하라고 정무가 권유하지만 필요한 인재를 선발하지 못하는 문제가 있다고 기업은 울상이다. 실력보다는 인맥이 중요한 경우가 많아 공정성을 의심받는 일이 자주 생기고 의심의 눈초리로 바라보는 경우가 있다.

급격한 기술 발전은 새로운 기술에 대한 요구가 증가하는 반면, 기존의 교육 시스템이나 훈련이 이를 충분히 대비하지 못하고 있다. 이로 인해 청년들이 요구되는 기술을 갖추지 못한 경우가 많지 않을까?

또한 경제 전반의 불안정성이나 경기 침체는 기업의 채용을 어렵게 하기도 한다. 이로 인해 청년들이 채용 기회를 얻기 어려운 경우가 많다. 낮은 임금이나 불합리한 임금 체계도 청년들이 직장을 선택하는 데 영향을 미치며 특히 학생 때부터 생활비와 학자금 대출 상환 등의 부담이 있는 경우에 갚아나가야 하는 어려움이 가중되어 좋은 집안의 청년들에 비하여 기울어진 운동장에서 하는 경주와 같다고 본다.

이러한 문제들을 해결하기 위해서는 정부나 지자체의 정책적 지원, 교육 시스템의 개선, 그리고 기업의 채용 문화 변화 등이 필요하며 정부 정책으로 가난한 젊은이들을 보살피는 시스템을 갖춰야 한다.

외국인 근로자들은 주로 어떤 분야에서 일하나요?

2024년 현재, 한국에서 공식적으로 일하는 외국인 근로자는 약 80만 명 이상으로 추정되며 음식업 분야나 가사 도우미, 간호 간병 분야에서 일하는 사람들을 모두 합하면 200만 명이 넘는다는 통계도 있다.

이 숫자는 다양한 산업 분야에서 일하는 외국인 노동자를 포함하며, 대다수는 제조업, 건설업, 농업 등에서 근무하고 있으며 정확한 통계는 매년 변동이 있다고 한다.

중국에서 온 근로자가 가장 많으며 베트남, 필리핀, 태국, 몽골, 캄보디아 등 다양하다고 한다. 주로 제조업, 건설업, 서비스업, 농업에서 일하고 있으며 최근에는 서울시의 추진으로 필리핀 가사도우미가 공식적으로 입국하여 다양한 외국인 시대를 열어가는 여건이 되었다.

각국의 근로자 수는 한국 정부의 고용 관련 통계나 외국인 근로자 관련 보고서를 통해 확인할 수 있으며, 매년 다소 변화가 있을 수 있다고 한다.

젊은이들에게 우리 사회의 큰 문제가 무엇이 될까요?

"대한민국이 망해 가고 있다"는 서울대 김광수 교수의 지론을 듣고 반전의 준비를 해야 한다.

"IMF 보고에 의하면 대한민국 부채 증가율이 세계 1위로 망해가고 있습니다. 한국 국가부채, 기업부채, 공공부채, 가계부채 등 모두 합하면 5천조 원!

국민 1인당 1억 원씩 감당해야 하며 IMF 발표된 재정보고서 GDP 대비 부채 비율로 5년간 계속 지속적으로 상승 전망하고 있으며 특히 2030세대에게 과대한 빚 폭탄을 지우고 있습니다. 정치인들 경제, 안보, 정치, 코로나, 부동산, 탈원전, 일자리, 세금 문제 등에 대해 어느 하나 도대체 잘한 것이 하나라도 있습니까? 세계 경제대국 제11위에서 지금은 세계 30위로 국격을 추락시

킴으로써 대한민국을 세계인의 비웃음과 조롱거리로 만들어놨습니다."

나는 우리가 잘하고 있고 얼마 안 가서 세계 5위의 국가가 될 것으로 믿고 있는데 그는 왜 극단적인 부정을 말하는지 모르겠다. 그러나 젊은 여러분은 부정적인 시각으로 바라보는 안목을 주목하고 반전의 대책을 마련한다면 나라 융성의 기회를 만들 수 있을 것이다.

정년 연장은 이루어질까요?
연금 제도가 젊은 세대에 불리할까요?

지금 노동 현장에서는 숙련된 인력을 구하기가 어렵다고 한다. 외국인 근로자들이 없으면 산업 현장이 마비되리라는 예측을 하기도 한다. 정년 연장이 안 되면 지금 젊은 세대들은 아예 어려운 일을 기피하여 숙련된 인력을 구하기가 더 어려워져서 산업의 위기를 예고하고 있기도 하다.

특히 조선이나 기계, 유화 분야 등 특정 산업은 외국인 근로자에 대한 의존도가 높은 데 인력 충원 문제에 우려를 가지고 있다. 은행 증권 등 금융 업종에서는 노조를 중심으로 정년 연장을 추진하고 있다. 그러나 청년 취업 문제와 맞물려 이 문제가 노사와 정부 간의 타협이 가능할지 또 언제 시행될지는 조금 더 기다려야 봐야 할 것이다.

여러분이 65세나 70세가 되어 그동안 불입한 연금을 못 받는 상황이 된다면 수용할 수 있을까? 연금 제도는 이제 30년 내로 고갈이 예상되므로 신속하게 개혁해야 한다는 문제가 정부 정책으로 큰 현안이 되고 있음을 알 것이다.

기성세대가 처음 연금을 설계할 때에는 급속한 인구 감소나 노령화 문제를 심각하게 받아들이지 않았는데 이제 발등에 불이 떨어진 상황이 되었다. 내 손자 세대가 겪어야 할 미래의 어려움을 지금 세대가 허리띠 졸라매고 미리 준비하는 노력을 해야 하는데 기대할 수 있을까? 연금은 여러분 문제이며 기성세대는 안중에도 없이 오로지 정쟁에만 매달려 차기 선거에 몰두하고 있는데 여러분들은 그들을 질책하지 않고 있다. 목소리를 내야 한다.

외국인이나 동남아 인재를 활용해야 한다는 주장을 어떻게 생각하나요?

우리의 노동 체계를 흔들 수 있는 사안이 아닐까? 그러나 우리 젊은이들이 노동을 기피하고 편한 길로만 가기를 원하면 우리는 과감하게 외국의 우수 인재들을 초빙하여 산업 역군으로 활용하든지 이민청 같은 기구를 만들어 외국의 우수 인재들의 이민을 장려하는 길을 택할 수밖에 없지 않을까?

여기에 대한 대안은 관련되는 단체 모두가 적극적으로 구상하고 젊은 여러분도 참여하고 최선의 방책을 제시하는 노력을 해야 한다. 인구 감소에 따른 이민을 확대하는 문제는 국가 정책으로도 중대한 과제가 될 것이다.

한국의 음주 문화, 음주 운전 등 물의를 일으키는 현상을 어떻게 보시나요?

옛날에 중국이나 베트남 등 동아시아에서 여행가서 밤늦게 돌아다니며 고성방가나 음주행패를 부리는 경우가 주로 한국 사람이라는 얘기를 듣고는 했었다. 지금도 지역별 유흥가가 밀집해 있는 곳에서는 술에 취해 비틀거리는 사람들을 많이 본다.

심야 택시를 잡기 위하여 몰려다니는 우리 젊은이들, 그들의 욕구를 억제해 달라고 요구해야 할까? 오래 전 내려온 우리 민족의 문화가 아닐까? 이제 선진국에 진입한 성숙한 시민 의식을 가져달라고 해야 할까?

내가 좋아하는 어느 배우는 음주 운전 경력으로 배역을 잃고 한동안 출연을 못한 일도 있었고 술집에서 마약을 흡입하고 경찰 조사를 받다가 자살하는 유명인도 있었다.

최근에는 술집이 마약 유통의 온상이라는 보도를 보기도 하며 이제 우리도 고급 룸살롱 이용이 아주 많지 않겠지만 자제하는 노력을 해야 한다. 특히 공직자, 기업인, 사회 지도층 인사들의 솔선수범이 요구된다.

의과대학으로 몰려든 한국 영재들의 행태를
어떻게 바꿀 수 있을까요?

　돈을 중시하고 안정을 추구하는 가치관 때문이 아닐까? 의사는 전문직으로서 안정된 분야이고 급여가 높아서 부모들이 우선 선호한다고 본다. 딸 경진은 피부과 전문의, 사위 성은은 재활의학과 교수로 근무하면서 외아들을 처음부터 의사보다는 컴퓨터 과학을 공부시키는 것을 목표로 동기를 부여하는 것을 보고 나는 미래를 내다보는 좋은 결정이라고 성원하였다.

　이제 인공지능 시대가 오고 넓은 세상을 바라보면서 세상에 기여하는 미래를 가져야 한다. 인공지능이 의료 분야를 크게 발전시킬 것이다. 로봇이 수술하고 재활을 돕기 시작한지는 이미 오래 되었다. 노인 돌봄을 로봇이 하고 진료와 진찰도 인공지능으로 대치될 것이다. 지방이나 필수 의료 분야를 재조정하고 보완하면서 최소한의 인력을 늘리면서 컴퓨터 엔지니어나 반도체 인력을 대폭 늘려야 하지 않을까? 많은 학생들이 의대에 몰리는 문제를 해결하려면 어떻게 해야 할까?

　반도체나 인공지능, 바이오 분야는 인재가 지금 당장 크게 부족하다는데 이제 20년 후의 세상은 어떻게 될까? 그때에도 의사라는 직업이 인기가 있을까?

　매년 3천여 명의 의사들이 배출되어 현재 14만여 명이라는데 매년 5천여 명으로 늘려서 배출한다면 인구가 줄어드는 여건에서 과잉 배출이 되지 않을까 걱정되기도 하다. 전문가의 의견을 종합하여 면밀히 검토하고 합리적으로 결정되기를 바라고 있다.

그럼 인재의 배분과 활용을 어떻게 해야 할까? 학생들이 다양한 진로를 선택할 수 있도록 진로 상담과 멘토링을 강화하며 각 분야의 전문가들을 초청해서 학생들에게 다양한 직업군을 소개하는 것도 도움이 되지 않을까?

의대 외 학과들도 경쟁력을 높일 수 있도록 지원하고 학과 간 협업을 통해 융합 학문을 장려하는 것도 좋은 방법일 것이다. 예를 들어 바이오와 인공지능을 융합한 새로운 분야를 육성하는 방식은 어떨까? 로봇이나 인공지능이 폭넓게 활용된다면 의사 수는 줄여야 하지 않을까?

의대 증원을 한다니 너도나도 재수, 3수가 아니라 N수로 의대 쪽으로 몰린다고 하는데 지금도 의대생들은 평균 5수라고 한다.

우수한 젊은이들이 모두 의사를 지망한다면 사회는 건전하게 발전할 수 없으며 특히 과학 기술 분야에서 큰 역할을 해야 할 인재들이 의학 분야로 집중된다는 문제는 사회의 균형 발전에 역행한다고 본다.

물론 사명감을 가지고 의학 분야에 진출한다면 더없이 좋겠지만 돈벌이에 주안을 두고 있다면 가치관의 문제가 되기도 하다. 지금의 의료 문제가 원만히 해결되기를 간절히 바라고 있다.

비정상적인 의료 체계의 짐을 가장 많이 져왔던 전공의의 호소도 귀담아듣고 왜곡된 의료수가도 바로 잡아야 한다.

의사들 간의 수입 차이가 천차만별이다. 의료수가는 일종의 가격이다. 그런데 지금의 의료수가는 자원의 효율적 배분이라는 매우 중요한 가격 기능을 무시하고 있다.

주어진 예산 총액을 전제로 의료 행위 사이의 형평성만 따졌기 때문이다. 이제라도 희소성 항목을 신설하고 사회과학자를 참여시켜 기피 의료 분야와 지방 및 고난도 의료 행위의 희소 가치를 반영해야 한다.

AI와 사람, 그리고 미래 교육은 어떻게 영향을 미칠까요?

'위기의 교육과 미래, 지식생태학에 묻다' 지식생태학회의 학술 토론에 참석하였다. AI의 활용에 따른 교육 환경 변화를 토론하였다. 특히 구본권 한겨레 사람과디지털연구소장의 '인공지능 시대, 공부의 미래는?'이라는 주제 발표에 깊은 감명을 받았다.

'이제 모든 지식은 AI로 답을 들을 수 있다. 미래는 평균 수명이 길어지고 고령화 사회에 진입하고 기술 발전 속도가 가팔라지는 현실을 받아들여야 한다. 이제 교과서를 없애자. 그냥 공부하자. 동일성을 추구하는 교수자 역할은 끝났다. AI가 더 잘할 것이다. 주입식 교육의 효용성이 있을까? 질문의 수준이 교육의 질을 결정할 것이다. 지혜를 어떻게 구할까? 겸손함과 윤리적 자세를 바로 가져야 한다'는 지론에 공감하였다.

특히 '생태와 인지, 그리고 인공지능의 교육과 미래'에 대한 유영만 교수와 인지심리학자 김경일 교수 간의 대담에서 인공지능이 인간을 넘어설 수 없는 땀과 감탄, 기대, 언어, 맥락에 대한 연구가 새로운 교육의 미래가 될 수 있다는 지론에 AI와 인간 그리고 새롭게 펼쳐지는 학습 방법의 변화에 흥미를 갖게 되었다.

이제 모두 AI의 영역, 합리적인 학습, 즐기며 하고 싶은 공부 하는 방법을 터득하고 인간으로서의 바른 생각과 실천을 할 수 있는 교육의 미래를 만들어야 한다고 믿는다.

기업인들의 학교 설립이나 지원을 장려하면 어떨까요?

크게 성공한 기업인들에게 '학교를 설립하여 당신 마음대로 운영해 보라'고 정부가 권유한다고 하면 좋은 효과가 있을 것이 다. 가난한 학생들에게 장학금을 지급하고 양극화 완화의 좋은 정책이 될 것이다.

그러나 지금의 교육 시스템으로 권유한다면 호응할까? 안 할 것이다. 기업들에게 고교나 대학을 설립하게 하고 청년들을 선발 하여 기업이 원하는 지식, 인품, 체력을 갖추게 하여 유능하고 반 듯한 시민으로, 직업인으로 육성한다면 취업 전선도 크게 원하 는 방향으로 발전할 것이다.

지금은 기업인이 학교 재단을 만드는 순간부터 교육부 산하로 들어가 통제를 받고 자기가 꿈꾸는 이념이나 철학을 전파할 수 없을 것이므로 무모하다고 보고 처음부터 관심을 갖지 않을 것 이다.

그럼 특성화 학교를 만들어 '당신이 원하는 인재를 육성하고 원하는 학교를 운영해 보라'고 하면 호응하는 분들이 많지 않을 까? 최명재 회장은 기업인이었다.

강원도에 민족사관고교를 설립하여 전국의 수재들을 모아서 국가의 인재로 양성하고자 하였으나 그의 타계 후 설립 이념이 존속되고 있을까? 이제는 정부가 주관하여 특성화 학교도 확대하고 가난한 수재들에게 개방하면 어떨까?

모두가 대학을 나와 모두가 좋은 직장만을 구하고 있는 현실에서 우리 사회는 어떤 대안을 가지고 있을까? 미국이나 일본이나 선진국은 어떨까? 미국의 유명 대학들은 대부분 기업인이 설립하여 훌륭한 인재들을 배출하고 있다. 설립 이념을 그대로 실천하도록 하고 있다. 학교 운영에 크게 관여하며 공정하게 한다고 한다. 기부도 적극 장려하고 적당한 배려를 받기 때문에 참여를 즐긴다.

특성화 학교의 증설을 반대하는 건 좋은 조건의 자녀들에게 유리하다는 생각 때문이다. 그럼 25% 정도는 어려운 가정에서 자라는 수재들을 국가나 기업에서 전액 지원하여 함께 가르치면 적극 찬성할 것이다. 기업인의 학교 경영 참여가 취업 확대의 대안이다.

그러나 우리는 왜 안 될까? 학교를 운영하는 기업인들을 만나면 교육부의 통제로 교사 한 사람 채용할 수 없다고 말한다. 내가 아는 어느 대학의 전 총장은 조부가 학교 재단 설립자이며 알려진 사립대학이다. 그는 교수 임용시 작은 금품을 받았다는 죄로 징역을 살고 대학 운영에서 밀려난 일이 있다. 관선 이사들이 들어와 학교 재단을 빼앗긴 것을 보았다.

그의 조부는 거액의 사재를 들여 유치원부터 대학까지 설립하고 성공하신 분이라고 칭송 받았을 텐데 그 후손이 생각하기를 '우리 조부님이 학교 말고 거대한 부동산을 물려 주셨으면 좋았겠다'는 생각을 안 했을까?

우리도 이제 성공한 기업인들이 고향 주변의 기숙 학교도 만들고 대안 학교처럼 운영하면서 입시 자격을 주는 소규모 학교를 설립 장려하면 참여하실 분들이 많을 것이다. 서울로 수도권으로 밀려드는 현실을 누가 걱정하며 바로잡으려 노력할까? 정치인들이? 관료들이? 훌륭한 리더가 나와서 진정한 성공의 길을 보여주면 어떨까? 가난을 겪어 보며 성장한 청년들은 그런 꿈을 품고 있을 것이다.

그래서 우리는 척박한 환경에서 굳건히 성장하는 청년들을 찾아서 성원해야 한다. 그들을 마음껏 돕고 키우는 공동체도 만들고 지원하는 시스템을 만들 수 있어야 한다. 공정한 사회에 위배된다고? 앞길이 꽉 막힌 약자들을 보살피고 지원하여 10배 이상의 과실을 거두면 진정한 공정이 아닐까?

우리가 가진 행복 에너지를 함께 나누고 변화 속에서 우리 주변을 돌아봐야 한다고 여긴다.

우리 자녀들에게 어떤 교육을 시켜야 할까요?

'사브라'라는 말이 있다. 우리 부모님들은 사랑하는 자녀들을 부를 때 내 강아지, 내 새끼 하며 무척 감싸는 경우가 많지만 이스라엘 부모들은 사랑하는 자녀에게 '사브라'라고 부른다고 한다.

사브라는 선인장 꽃의 열매인데 선인장은 살기 어려운 악조건에서 자라는 식물이고 사막의 혹독한 환경에서도 꽃을 피우고 열매를 맺기까지 10년 의 세월을 참고 인내해야 결실을 맺는다고 한다.

어려서부터 댓가 없는 성공에 대한 환상을 내려놓고 심는대로 거두는 인생의 법칙을 가르치는 유대인들의 지혜라고 할 수 있다.

어느 한 철 찬란히 피어나는 선인장 꽃은 모든 잎을 가시로 바꾸면서까지 끝내 지켜온 선인장의 꽃이듯이 유대인의 자녀 교육은 피맺힌 가시들을 고스란히 품고 인내하며 완전히 순결의 꽃을 피우는 '사브라'를 닮아가기를 바라는 마음을 준다고 한다.

어릴 때부터 유대인의 교육은 '하지 말라'가 아니라 '사브라처럼 참아라'라고 한다.

그래서 그들은 세계의 명문대의 20%, 노벨상 수상자의 30%를 차지하고 수많은 미국 기업 CEO를 비롯하여 정치, 사회, 연예, 금융, 학문 등 전 분야에서 큰 영향력을 행사하고 있는 것을 보게 된다.

'사브라'라는 호칭은 의지 강화 교육의 지혜이다. 자녀에게 '사브라'라고 부를 때마다 이런 메시지를 심어준다고 한다.

"내 인생은 선인장 같았다. 나는 사막에서 뿌리를 내리고, 비 한 방울 내리지않고 땡볕이 쪼이는 악조건에서 살아남았다. 아침에 맺히는 이슬처럼 이슬방울 몇 방울 빨아들이며 기어코 살아남았다. 그러니 너는 얼마나 소중한 존재냐. 너라는 열매를 맺기까지 나는 인고의 세월을 견디어냈다. 너는 '사브라'다. 선인장 열매다. 그러니 너도 끝까지 살아남거라. 그리하여 또 다른 열매를 맺거라. 그 열매가 맺어지거든 그를 '사브라'라고 불러 주어라"라고 한다.

강하고 담대하고 에너지 넘치는 젊은이들이 우리 사회에 활력을 불어넣기를 간절히 바란다.

정규직과 비정규직 문제를 어떻게 생각하시나요?

보는 관점에 따라 달라지는 것을 겪었다. 우리 회사는 보안업으로부터 출발하여 정보 기술, 인터넷, 아웃소싱으로 진출하고 있다. 경비보안 분야의 경우 특히 국가 중요 보안 목표와 산업 시설에서 경비보안을 발전시켜 특수경비 분야는 우리나라 M/S 1위 였으며 이 분야는 전평시를 막론하고 최고의 보안서비스를 제공하고 있었다. 특히 공항, 항만, 발전소, 국가 중요 시설 방호를 완벽하게 수행하고 있었다. 당연히 정규직이며 최상위 수준이었다.

지난 정부는 갑자기 비정규직의 정규직화라는 명목으로 시스템을 변경하게 하였다. 오랫동안 임직원들을 선발하여 교육시키고 근무를 완벽하게 해온 높은 수준의 정규직 회사의 임직원들을 공공기관의 자회사로 흡수하는 조치를 하였다. 잘 훈련된 2,000여 명의 우리 사우들을 떠나보내는 아픔을 겪었다.

물론 사회주의 국가는 모두가 정부기관 직원으로 운영한다. 그러나 미국, 일본, 독일 등 세계 선진국 어느 나라도 고유한 영역을 발전시켜온 경비보안 분야를 공공기관으로 흡수한 경우가 없다. 오히려 미국 같은 나라는 국가 방위력에 준할 만큼의 강력하고 능력 있는 보안 회사를 세계 곳곳에서 운영하고 있다. 물론 전투 병력을 제외한 거의 여러 분야의 지원 전투력을 민간 보안 회사에서 감당하고 있다. 2002년 한일월드컵 당시에 일본에서는 민간경비업체가 보안을 맡아서 완벽하게 서비스를 제공하였으며 우리 한국은 군과 경찰이 담당했었다. 우리 보안 분야도 그 이상의 실력과 자질을 갖추고 있다. 이제 미래 세대에는 이 구분도 없어지지 않을까?

이제 AI가 활용되고 로봇이나 드론, 자동화 장비가 적극 활용된다면 핵심 업무는 정규직으로 대체되고 일반적인 거의 모든 업무는 아웃소싱에 의하여 합리적이고 효율적인 체계를 갖출 것이다.

아웃소싱(Outsourcing)은 앞으로 어떤 발전을 하게 될까요?

거의 모든 산업에서 아웃소싱은 활성화될 것이다. 아웃소싱은 외부 조달 즉, 업무의 일부나 과정을 경영 효과 및 효율을 극대화하기 위하여 제3자에 위탁해 처리하는 것인데 IMF 경제위기가 끝나고 활성화 되고 있다.

나는 그때 시대의 흐름을 읽지 못하였다. 보안 회사로 강소기업을 지향했다. 시스템 보안, 무인경비 보안, 사이버 보안, 산업 보안의 강자가 되어야 한다고 다른 업무를 해서는 안 된다고 고집을 했었다. 특히 인재 파견이나 아웃소싱은 우리가 추구하는 가치가 아니라고 눈길도 주지 않았다. 20여 년이 지난 지금 돌이켜보니 보안 분야는 레드오션(Red Ocean)이었다.

대기업이 모두 직접 하게 되고 오히려 아웃소싱 시장은 크게 늘어났다. 5년여 전 그 분야에 진출을 시작하니 선점 업체와 치열한 경쟁을 하게 되고 전문가의 안목으로 서비스를 제공하는 영역이 확대되어 뒤늦게 필요성을 절감하게 되었다.

사실 모든 업무가 아웃소싱이 아닌 것이 없을 것이다. 설계를 해주거나 건물을 지어주거나 물건을 팔아주거나 모든 일이 아웃소싱이다. 아웃소싱을 비판적 시각으로 보는 경우도 있으나 이제 인공지능 시대에는 아웃소싱이 꼭 필요한 인력과 지원 운영의 주체가 되지 않을까 여긴다.

군 복무가 젊은이들에게는 큰 과제인데
어떻게 생각하세요?

우리 국민은 4대 의무를 이행하게 되어 있다. 나라를 지키기 위한 국방 의무, 자녀에게 교육을 받게 해야 할 교육 의무, 일할 수 있는 사람은 일해야 할 노동 의무, 소득이 있을 때 세금을 내야 할 납세의 의무이다.

특히 국방 의무는 대한민국 남자의 자랑이며 긍지가 아닐까?

젊은 여러분이 20대 초반에 이행해야 하는 큰 과업이기도 하다.

앞으로 병역자원이 줄어들게 되면 여성에게도 의무가 지워질 수도 있겠지만 모병제 검토와 함께 앞으로 좋은 방안을 검토하고 있다고 한다. 드론 부대는 이미 창립되었고 아마 몇 년 후에는 로봇군이라든지 첨단 장비가 도입되어 인력이 수행하는 거의 모든 영역에서 국방 체제가 보완되고 또 징집 장병 요원의 충원이 어려워지면 이스라엘이나 일부 유럽 국가처럼 여성의 징집제와 직업군인을 지향하는 모병제의 도입이 되지 않을까 예견된다.

영준은 해병대나 특전사 지원을 희망하였으나 시력이 좋지 않아 최전방 7사단에 근무한 후 지금도 전우들과 교유하면서 군 생활을 즐겁게 했다는 큰 자부심을 가지고 있다. 백중은 처음에는 입대에 대하여 약간의 두려움과 기대를 가지고 복무를 마친 다음 군 복무가 성장의 기회가 되었다고 감사해 하며 보람을 느끼고 있다. 그들의 군 복무는 새로운 인생을 터득하고 나라 사랑을 실천한 소중한 경험을 얻은 자랑스러운 시간이었다.

군 복무는 큰 영광이면서 자부심을 갖지 않을까?

선진국에서는 결격 사유가 있는 젊은이들이 군에 들어가기 위하여 여러 가지 노력을 하는 것을 자랑으로 여기는데 우리도 이제 적극적으로 군에 입대하여 국방 의무를 이행해야 한다.

군은 거대한 국민 교육의 도장이면서 건전한 인격을 형성하고 애국심을 일깨우는 사랑의 용광로이며. 동시에 적과 싸워 이길 수 있는 임전무퇴의 기상을 함양하는 수련도장으로 그리고 사회에 나와서 경쟁력을 갖게 하는 심신 단련의 기회가 된다고 믿고 있다. 어느 연예인이 징집을 앞두고 미국 여행을 나가서 곧 병역을 기피한 채로 20여 년간 한국에 들어오지 못한 일이 사회 문제가 되었다.

나는 병무청을 통하여 그의 입국을 찬성하지 않는다는 의견을 지속적으로 전달하였다. 분단된 국토, 전쟁을 막아서 평화롭게 살아야 할 우리의 국방 의무는 아름답게 실행해야 한다.

나는 전역 이후 죽을 때까지 군을 사랑하고 나라와 군을 위해 항상 기도하며 살겠다고 다짐하고 또 실천해왔다. 사회에 나왔을 때 군은 나에게 생존의 바탕이 되어주었고 군에서 터득한 야전교범은 사회에서 바른 경영의 매뉴얼이 되었었다.

군에서 맺은 인간관계는 내 삶의 준거가 되어 주기도 하였다. 얼마 전 육본에서 '멋지고 사랑스럽고 아름다웠던 군'이라는 제목으로 후배들에게 특강을 하며 깊은 자부심을 가지기도 하였다.

군에서 일어나는 사고와
군에 대한 생각을 듣고 싶어요

군에서의 사고는 일어나서는 안 되는 안타까운 일이다. 사고 소식에 늘 '쿵' 하는 마음 무너지는 소리를 듣는다. 사회에서도 매일같이 사고도 나고 죽고 다치는 사람들이 생기고 있다. 아마 군에서의 사고나 사회에서의 사고가 빈도나 사고율에서 비슷하지 않을까 여긴다.

그러나 최근의 군에서 몇 건의 사망 사고로 사회가 떠들썩하는 것을 보고 가슴이 아프기도 하다. 대부분이 자식을 한두 명 키워서 전사나 순직하게 한다면 얼마나 큰 비극일까? 모든 젊은 이들이 무사히 병역 의무를 잘 마치기를 바라고 있다.

그러나 최근 군부대에서는 사고가 무서워서 훈련도 제대로 못하고 군기는 더 허약해지고 있다는 말을 들을 때마다 훈련을 절도 있고 강하게 하면서 사고를 줄일 수 있는 방안을 찾을 수 없을까 걱정하고 있다. 훈련도 철저히 하고 엄한 군기를 유지하면 오히려 사고를 줄일 수 있다고 본다.

자, 이제 젊은 세대들과 나누는 고민들은 겨우 10% 정도 여기 기술하였다. 우리는 많은 고민을 안고 이를 해결하려는 노력을 해왔다. 그러나 바른 인성을 바탕으로 어렵더라도 감내할 수 있는 것은 기꺼이 받아들여야 한다. 얼마나 현안이 많을까?

여기에서 말하지 못했으나 결혼에 연관된 고민, 미래에 대한 준비를 언제 얼마나 해야 할지? 당장의 먹고사는 문제가 겹쳐진 넉넉하지 못한 가정의 여건에 대하여 우리는 서로 돌아보고 도움을 주고받는 미래를 만들어야 한다. 그 자체가 인간다운 삶의 바탕이 되기 때문이다.

7

세상의
변화를
주도할 것인가,

끌려갈
것인가?

세상이 급격하게 변하고 있다.
인공지능(AI)이 일상화되고
빅데이터, 로봇공학이 발전을 거듭하여
인간의 영역을 대체하기 시작했다.
급격한 인구 감소와 노동력 부족, 노인 인구 증가,
사회복지 수요와 의료 지원, 환경의 변화 등이
국가의 존망을 위협할 정도의 위기의식을 가지게 되었다.
자동화 시스템의 등장으로
10년 내 직업군이 40 %는 바뀔 것이라는 예고가 있다.

향후 기술 발전은 어디까지 이루어질까요?

전문가들도 예측이 어렵다고 말한다. 자율주행 자동차의 등장이 운전기사를 없앨 수 있을까? 흥미롭게 바라보게 되었다. 기술발전의 속도가 무섭게 진화하는 미래를 어떻게 즐길 수 있을까? 이제는 모든 분야가 혁신과 혁명으로 변화할 것이라고 말하고 있다.

책인물(책으로 인생을 물들이다) 호암회관 조찬포럼에 매월 두 번째 목요일에 공부하러 다니고 있다. 김대식 교수는 묻는다. 생성형 인공지능은 천사일까? 악마가 될까? 양면성이 큰 흥미를 안겨주었다.

내가 칼스텍이라는 인터넷 회사를 창업하고 구인구직 사이트를 개설했을 때 검색 자체가 생소한 시절이었고 구글(Google)이라는 검색 사이트가 서비스를 시작했을 때 큰 충격을 받았다.

이제 정보 검색에서 생성 대화로 바뀌어가는 시대에 지식 습

득이 얼마나 도움이 될까? 변호사 시험과 의사 시험에 합격할 수
준의 인공지능 서비스가 있는데 공부하는 방식이 이대로 될까?
지혜는 어디서 얻을까?

그럼 변화하는 세상에서
어떻게 미래를 가꿔나가야 할까요?

대만계 미국인인 젠슨 황은 엔비디아를 창업하여 AI(인공지능)
반도체 시장의 90%를 장악한 최고 승자라 할 것이다. 지금 현재
엔비디아 시장가치가 애플과 함께 세계 최고에 오를 것으로 예상
되는 가운데 그는 말한다.

나는 항상 30일 뒤에 망한다고 생각하면서 일해왔다. 10여 년
전부터 딥러닝 시장을 보고 딥러닝용 GPU를 개발해 AI 시대의
최대 수혜 기업이 되었다.

지난해 국립 대만대 졸업식 축하 연설에서 젠슨 황은 '걷지 말
고 뛰어라. 여러분은 먹잇감을 구하기 위해 뛰거나 먹잇감이 되
지 않기 위해 뛰고 있다는 사실을 기억하라. 모든 산업을 AI가
혁신할 것이며 지금 그 출발선에 있기 때문에 머뭇댈 겨를이 없
다.'고 했다.

그러면서 그는 본인이 처음부터 다시 시작한다면 생물학, 그중
에서도 인간생물학을 공부하고 싶다고 말한다. AI 혁명으로 모
든 사람이 프로그래머가 되었으니 AI를 활용해 혁신을 앞당길
수 있는 분야에 뛰어들고 싶다고 조언한다.

우리는 언제까지 급여에 집착하고 안정적인 직업을 선호해야 할까? 워라밸만 외치고 세상의 변화에 함께하지 못한다면 우리의 미래는 없다고 봐야 한다.

절박한 마음으로 세상을 바꾸겠다는 괴짜 같은 도전을 즐기며 이끌어 나가는 패기 넘치는 여러분이 되기 바란다.

양극화가 심해진 현실에서 청년들은 어떤 태도로 살아가야 할까요?

양극화는 계층별, 지역별, 산업별로 이미 확산되고 있다. 기울어진 운동장에서 경주해야 하는 여건이다. 부모를 잘 만난 사람과 가난한 여건에서 살아야 하는 사람과의 경주가 되었다면 누가 유리할까?

나는 탈북 청소년, 자립 청년, 장애 청년들을 만나서 코칭이나 성원해주는 일을 30여 년 해오면서 많은 기도와 성원을 하고 있다. 이 문제는 국가적으로도 중요한 정책으로 다루어지고 불우한 청소년들을 잘 성장시키는 사회 안전망을 구축해야 한다.

나는 지금의 사회 지도층, 정치인들로는 희망이 없다고 보고 있다. 거의 모두 자기 이익과 자신만의 성취를 위하여 온갖 부정한 행위를 다하고 있는 사람들에게 무엇을 기대할 수 있을까? 공직자 청문회에 나와서 여러 가지 비위를 저지르고도 부끄러움을 모르는 공직 후보자를 얼마나 보았을까? 청렴하고 바른 태도로 살아온 지도자들을 찾기 어려운 현실이다.

우선 젊은 청년들이
관심 가져야할 일은 무엇일까요?

젊은 여러분이 각 분야의 지도층이 되고 사회단체를 이끌거나 정치 지도자가 된다면 적어도 4가지만 바로 잡아주는 시스템을 만들어주기 바란다.

● 어려운 환경에서도 노력한다면 국가가 끝까지 성원하는 교육 시스템
● 부동산으로 치부하며 그런 수법의 악행을 반복하여 큰 부를 이루는 악덕 지도층의 도태
● 경영자, 노동자, 문화예술인 등 사회를 밝게 만드는 선행을 이룬 사람들에 대한 발굴과 예우
● 나라의 안보와 부강을 추구하는 산업 역량을 더욱 튼튼히 만드는 일 등

이 네 가지만 지속적으로 해나가도 밝고 희망찬 내일을 만들 수 있을 것이다. 자유민주주의 국가에서 가능하냐고? 자유민주주의를 지키기 위하여 해야 한다. 시장경제체제에서 가능하냐고? 시장경제를 튼튼히 하기 위하여 해야 한다.

"양극화를 완화할 수 있는 방안이 무엇일까 "
챗GPT에 물었다.

경제적 양극화가 심화된 현실에서 젊은 사람들이 가져야 할 태도는 여러 가지가 있을 수 있어. 몇 가지를 제안해볼게.

● 지속적인 학습과 자기계발: 경제적 상황이 불안정할수록, 더 많은 기회와 안정성을 위해 다양한 기술과 지식을 습득하는 것이 중요해. 온라인 강의나 자격증 취득 같은 방법으로 자신의 경쟁력을 높이는 게 좋겠지.

● 창의성과 혁신성: 기존의 틀을 깨는 창의적인 아이디어와 혁신적인 접근법이 중요해져. 창업이나 새로운 프로젝트를 시도해보는 것도 하나의 방법이야.

● 네트워킹: 사람들과의 관계를 잘 유지하고, 다양한 분야의 사람들과 교류하는 것이 중요해. 이를 통해 새로운 기회나 정보를 얻을 수 있어.

● 재정 관리 능력: 돈을 잘 관리하는 능력은 언제나 중요해. 예산을 잘 세우고, 저축을 꾸준히 하는 습관을 들이는 게 좋아.

● 사회적 책임 의식: 경제적 불평등 문제를 인식하고, 이를 해결하려는 노력이 필요해. 자원봉사나 사회적 기업 참여 등으로 사회에 기여할 수 있어.

● 긍정적인 마인드셋: 어려운 상황에서도 긍정적인 태도를 유지하는 것이 중요해. 어려움을 극복할 수 있다는 믿음과 희망을 가지고 나아가면 좋겠지.

이런 태도들이 경제적 양극화가 심화된 현실에서도 젊은 사람들이 더 나은 미래를 만들어가는 데 도움이 될 거야.

이기적이고 자기만 아는 젊은이들에게
해주고 싶은 말이 있나요?

사회 시스템이나 가치관에도 문제가 있지만 사랑 나눔이나 우리 주변에 나누는 넉넉한 배려가 자신을 행복하게 하고 좋은 인생이라는 진리를 알고 가꾸는 미래를 만들기 바란다.

아울러 여러분에게 말하고 싶다.

"사회 개혁에 대한 꿈을 가져라. 이상을 아름답게 가꾸어라. 10년, 20년 후의 나를 그려보아라. 인생 후반기를 지금부터 준비하라. 이제 세상은 바뀌고 남이 하지 않는 분야에 도전하는 열정을 가져야 한다. 한때 코딩 공부가 우리를 들뜨게 한 일도 있었지만 이제 인공지능이 모든 문제를 해결해주는 세상에 살게 되었다. 자기 자신만의 안위나 행복 추구도 소중하지만 다른 사람을 위한 봉사와 헌신의 미래를 가지면 어떨까? 좋은 가치관을 나누고 확산시키는 사회 문화를 우리가 만들자."라는 말을 애정을 담아서 들려주고 싶다.

우리의 역동적인 에너지가 빛의 역할로 우리 사회를 밝게 변화시키는 힘의 원천이 되기를 거듭 소망한다.

늘 새로운 도전을 해야 한다고 하시는데
도전이 왜 중요할까요?

도전은 인간이 세상을 살아가면서 마주치는 새롭고 때로는 어려운 경험에 자신을 내던지는 행위가 아닐까? 이는 단순히 알려지지 않은 것에 발을 들여놓는 것 이상의 의미를 지닌다고 본다. 또 도전은 자신의 한계를 시험하고 개인적인 성장을 촉진하며 삶에 대한 이해를 깊게 하는 과정이라고 보는데 인간은 본능적으로 안정과 편안함을 추구하지만 진정한 가치와 의미 있는 성공은 종종 불확실성과 두려움을 극복하고 새로운 영역으로 우리를 이끌기도 한다.

젊은이로서 우리는 학문적, 사회적, 개인적 차원에서 다양한 도전에 직면한다. 이러한 도전은 우리의 지식을 확장하고, 새로운 관계를 형성하며, 자아를 발견하는 데 필수적이 아닐까?
도전을 통해 우리는 실패에서 배우고, 성공을 통해 자신감을 얻으며, 삶의 균형을 찾아갈 수 있다. 결국, 도전은 우리가 세상에 대해 더 깊이 이해하고, 자신의 위치를 찾으며, 가치 있는 성공을 추구하는 과정에서 불가피한 부분을 보완해가며 세상의 변화를 즐기는 행동이 아닐까?

워라밸(Work-life Balance)을 중시하는 젊은이들에게 어떤 조언을 해주고 싶나요?

이제 인공지능을 누구나 사용할 수 있게 되면 우리가 열심히 공부하고 연마하는 모든 지식은 다 쉽게 얻을 수 있을 것이다. 그럼 지혜는 어디서 얻어야 할까?

'지혜'는 인간의 품성 도야를 위하여 세상을 슬기롭게 살아가는데 꼭 필요한 덕목이다. 지혜를 얻기 위하여 부단한 공부가 요구되며 특히 문학, 역사, 철학 등 독서나 자기 연찬 기회를 부단히 가지고 노력해야 한다. 넉넉한 인격의 함양은 스스로의 책무이며 워라밸 자체는 나에겐 뒤늦게 찾은 삶의 가치이기도 하다.

"새벽종이 울렸네, 새아침이 밝았네." 노래 부르며 먼동이 트기 전부터 밤늦게까지 일해온 세대가 인간다운 삶을 늦게 알게 된 행운이기도 하지만 육아, 가족과의 시간, 취미나 여가 활동, 사회봉사에 더 좋은 시간을 사용한다면 얼마나 가치가 있을까?

나는 아직 워라밸 문화에 익숙하지 않다. 그러나 건강과 행복 추구 욕구를 잘 조화시킬 수 있다면 즐기며 활용하고 싶다.

인공지능(AI)은 앞으로 얼마나 활용될까요?

10년 전 인공지능이라는 단어가 회자될 무렵 『인공지능이 나하고 무슨 관계지?』라는 책을 쓴 이장우 박사의 세미나에 참석했다. 인간이 할 수 있는 영역은 물론 할 수 없는 분야까지 대체되는 미래를 예견하게 되어 꾸준히 공부하고 준비하여 왔다.

드론이나 로봇에 관한 공부, 빅데이터, 블록체인에 관한 연구나 세미나, 공부 모임에 지속적으로 나가고 있다.

현재 AI를 사용 중이거나 2024년에 AI를 사용할 예정인 미국 기업의 비즈니스 리더 750명을 대상으로 한 설문 조사에 따른 보고서에서는 현재 기업의 53%가 AI를 사용하고 있으며 24%는 2024년에 시작할 계획으로 10개 기업 중 4개 기업은 올해에 AI가 직원을 대체할 가능성이 있다고 밝힌 것으로 발표되고 있다.

또한 생성형 인공지능(Generative AI)이 오는 2032년까지 미국의 현재 직업에서 무려 90%가 없어지거나 변화될 것이며, 미국 경제에 1조 달러에 달하는 기여할 것이라는 충격적인 조사 연구가 발표되기도 한다.

보고서에 따르면 일자리(직업)의 90%가 어떤 식으로든 생성형 AI에 의해 비지니스, 생산성 및 경제 성장에 대한 접근 방식이 크게 변화할 것이며, 이 기술이 몰고 올 파장의 높낮이는 기업의 적응도와 개인들이 일하는 새로운 방식에 얼마나 빨리 적응할 수 있는지에 달려있을 것이라고 한다.

생성형 AI는 경영 효율성을 개선하고, 새로운 수익원을 창출하며, 제품과 서비스를 혁신하고, 궁극적으로 비즈니스를 실행할 수 있는 잠재력을 제공한다는데 우리는 어떤 준비와 대비를 해야 할까? 어떤 변화를 우리에게 가져다줄지 무척 기대된다.

인공지능으로 일자리 변화는
어떻게 얼마나 될까요?

전체 일자리의 절반(52%)이 생성 AI가 통합되어 업무를 자동화함에 따라 크게 변화할 것으로 예상된다. 그 결과, 현재 미국 노동력의 약 9%가 일자리를 잃을 수 있으며, 1%는 과거 경제 변화로 인해 새로운 일자리를 찾는 데 어려움을 겪을 수 있다. 높은 지식을 요하는 직업이 가장 큰 영향을 받는다고 한다.

과거에는 기술 발전과 자동화가 주로 육체 노동력을 대체하고 프로세스 중심의 단순 지식 업무에 영향을 미쳤다. 하지만 생성 AI는 그 반대로 높은 지식을 필요로 하는 분야와 전문적인 직무에 더 큰 영향을 미칠 것으로 예상된다는 것이다.

특히 신용 분석, 컴퓨터 프로그래밍, 웹 개발, 데이터베이스 관리, 그래픽 디자인과 관련된 직업은 이미, 이론상 최대 영향력은 약 50%에 달한다는데 경영진과 최고경영자(CEO)도 영향을 받을 수 있다는 것이다.

데이터에 따르면 경영진, 심지어 CEO도 경쟁사 평가로부터 전략적 의사 결정에 이르기까지 모든 업무에 생성 AI가 적용되기 시작하면 이론상 최대 영향력(업무가 생성 AI에 의해 자동화되기 쉬운 정도)이 25% 이상 높아질 수 있는 것으로 나타났다고 한다.

인간 중심 AI에 대해 사람들이 더 많이 이해할수록 그것이 자신의 업무에 긍정적인 영향을 미칠 것이라고 더 많이 믿는다는데 적어도 무슨 일이 일어나고 있는지, 전혀 모르는 것에 비해 잠재적으로 무엇을 기대할 수 있는지에 대한 아이디어는 늘 존재할 것이다.

이제는 AI 발전에 상응하는 인력 재교육과 배치는 필수적인 사항이 아닐까?

정부도 사회와 산업 모든 분야의 리더들과 협력하여 산업과 기업, 근로자가 생성 AI 시대에 동반 성장할 수 있는 신뢰와 전략을 새롭게 수립해야 할 시점이라고 제시하고 있다. 〈'New Work, New World(보고서 다운)'〉

우리는 무엇을 대비해야 할까? 지속적으로 공부하고 연마하며 활용할 수 있어야 할 것이다.

10년 후 유망한 직업군은 어떤 분야일까? 챗GPT에 물었다.

● 데이터 과학자 - 데이터 분석 및 해석 능력이 중요해지고 있어서 데이터 과학자는 앞으로도 계속 수요가 증가

● 인공지능(AI) 전문가 - AI 기술이 다양한 산업에 적용되면서 AI 전문가의 역할이 중요

● 사이버 보안 전문가 - 디지털 시대에 보안이 중요한 만큼 사이버 보안 전문가의 수요도 증가

● 헬스케어 전문가 - 인구 고령화와 함께 건강 관리와 관련된 직업들이 유망. 특히 원격 진료와 관련된 직업들이 주목

● 재생 에너지 전문가 - 기후 변화 문제로 인해 재생 에너지 분야에서 일하는 사람들이 중요

● 로봇 공학자 - 자동화와 로봇 기술이 발전하면서 로봇 공학

자의 수요도 증가.

● 환경 과학자 - 지속 가능한 발전과 환경 보호가 중요한 이슈로 떠오르면서 환경 과학자의 역할이 증대

● 소프트웨어 개발자 - 디지털 전환이 가속화되면서 소프트웨어 개발자의 수요 증가

● 전자 상거래 전문가 - 온라인 쇼핑의 성장으로 전자 상거래 전문가의 역할이 중요.

● 교육 기술 전문가 - 교육 기술의 발전과 함께 교육 분야에서 일하는 사람들이 유망

위 직업들은 앞으로의 기술 발전과 사회 변화에 따라 높은 수요를 보이지 않을까?

새로운 도전을 시도하는 창업가로 살아간다면 무엇이 필요할까요?

스탠퍼드 대학원의 짐 콜린스 박사는 21세기 기업을 이끄는 창업자들의 공통점으로 목표(Purpose)를 향한 열정(Passion)에 주목하라고 말하고 있다.

창업자들의 열정이 좋은 기업을 이루었다는 것이다.

영국의 정치인 윈스턴 처칠도 성공을 위해서는 세 가지 물이 필요한데 그것은 곧 '눈물과 땀과 피'라고 말했다. 이 또한 열정을 의미하는 단어가 아닐까? 열정은 나이를 초월하기도 한다.

칸트는 74세에 『순수이성비판』을 썼고, 베르디는 85세에 '아베마리아'를 작곡했다. 시인 테니슨은 80세가 되어서야 '죽음을 향해' 라는 시를 세상에 내놓았고, 괴테도 같은 나이에 『파우스트』를 완성했다. 이들은 모두 인생의 어두운 그늘이 드리울 때에도 열정을 버리지 않았다.

아직 나이가 많지 않은데도 젊은 시절의 열정이 식어져 가고 있지는 않을까? 혹시 미온적인 의무감이나 타성에 젖은 게으름으로 퇴보하고 있지는 않을까?

우리는 알게 모르게 처음 느꼈던 열정을 점차 잃어가고 있을지도 모른다.

베스트셀러 작가 스펜서 존슨의 『선물(The present)』의 한 부분을 소개한다.

우리가 원하는 멋진 미래의 모습은 무엇인가?

그것을 달성하기 위한 우리의 계획은 무엇인가?

그렇게 하기 위해 오늘 우리가 해야 할 일은 무엇인가?

목표(Purpose)를 세우고 열정(Passion)을 잃지 마십시오.

당신의 내일에 상상하지 못했던 선물(Present)이 기다릴지도 모릅니다.

인생(사람) 그 누가 알까요?

양질의 일자리 문제는 어떻게 풀어야 할까요?

선진국에서는 대학 졸업하고 몇 년씩 자식들을 보호하거나 부양하지 않고 "나가서 뭐든 일하라."며 자립을 요구한다는데, 그래서 아르바이트나 작은 직장에서 수련을 쌓고 큰 직장으로 옮겨가는 문화가 일상화되었다는데 우리 부모들은 언제까지 자식들을 보살펴야 될까?

왜 청년들은 큰 회사, 공무원, 국영기업에 들어가려하고 작은 기업, 스타트업을 회피할까? 큰 기업도 과거에는 작은 기업이었고 앞으로의 인공지능 시대에는 고용 형태도 변하고 전문가나 작은 규모 위주의 아웃소싱 체제가 되고 평생직장 체제는 없어지지 않을까?

유럽 국가들은 어떻게 급여 차이를 적게 만들어 직장 수요에 맞게 인력을 공급하는 합리적 시스템을 만들었을까? 주어진 여건을 잘 활용하여 큰 불만들을 정치와 사회적 합의로 풀어가면서 행복해 하는 복지국가를 만들고 상생하고 있을까?

우리도 각 분야 지도자들의 큰 대화와 협력이 필요하다고 본다.

여기 한 사례를 주목해볼 필요가 있다.

대학 특성화 교육을 통하여 기업에서 원하는 인재를 중고교부터 교육과 실습을 병행하여 유능한 직원들을 양성하고 있는데 이런 방식의 교육을 확산시키면 어떨까? 조은INS(정형수 대표)는 사이버 보안 회사로서 보안을 전문으로 하는 직원들이 근무하고 또 병역특례자들도 선발한다. 컴퓨터나 인터넷 해킹에 관심 많은 우수한 청소년들을 대학 진학 단계에서 채용하여 근무시키는데 물론 회사에 근무하면서 대학이나 대학원에 진학하여 학위도 받고 실력 있는 전문가로 성장하는 사례들을 많이 보았다. 이제 평생 직장 체제가 일상화되어 마음만 먹으면 사이버대, 방통대, 평생교육원 등 얼마든지 공부할 기회는 열려있다.

이제 아주대처럼 초중고 적성 교육을 활성화시키는 방식을 보편화하면 어떨까? 진로가 뚜렷해 인생 낭비가 없어질 것으로 본다.

한국은 뛰어난 인재와 높은 교육 수준을 가졌지만 한쪽에선 실업난이 심각하고 다른 쪽에선 사람을 못 구한다는 안타까운 현실을 언제까지 이어가야 할까?

기업에게 학교와 자매결연하도록 하거나 기업이 직접 학교 교육에 참여하여 기업이 원하는 대로 가르치는 주문식 교육을 하고 전문직이나 특수직을 제외하고 대부분의 교육을 직업 위주 교육으로 전환하면 어떨까?

변화하는 세상을 살아가면서
참고해야 할 말씀을 해 주세요.

'인생에서 자기 자신에 대한 존중과 신뢰, 가까이해야 할 사람과 멀리해야 할 사람은'이라는 조언을 들어 보면 어떨까?

가장 무서운 사람은 나의 단점을 알고 있는 사람이고, 가장 경계해야 할 사람은 두 마음을 품고 있는 사람이며, 가장 간사한 사람은 타인을 필요할 때만 이용해 먹는 사람이다.

가장 나쁜 친구는 잘못한 일에도 꾸짖지 않는 사람이고, 가장 해로운 사람은 무조건 칭찬만 해주는 사람이며, 가장 어리석은 사람은 잘못을 되풀이하는 사람이다.

가장 거만한 사람은 스스로 잘났다고 설쳐대는 사람이고, 가장 가치 없는 사람은 인간미가 없는 사람이며, 가장 큰 도둑은 무사안일하여 시간을 도둑질하는 사람이다.

가장 나약한 사람은 약자 위에 군림하고 있는 사람이고, 가장 불쌍한 사람은 만족을 모르고 욕심만 부리는 사람이며, 가장 불행한 사람은 불행한 것이 무엇인지 모르는 사람이다.

가장 불안한 사람은 마음의 안정을 찾지 못하는 사람이고, 가장 가난한 사람은 많이 가지고도 만족하지 못하는 사람이며, 가장 게으른 사람은 오늘 할 일을 내일로 미루는 사람이다.

가장 가치 없는 삶을 사는 사람은 먹기 위해 사는 사람이고, 가장 우둔한 사람은 더 이상 배울 것이 없다고 자만하는 사람이며, 가장 큰 나쁜 사람은 부모님께 불효하는 사람이다.

가장 어리석은 정치가는 물러날 때를 모르는 사람이고, 가장 무서운 병을 앓고 있는 사람은 남을 비판하는 병을 앓고 있는 사람이며, 가장 파렴치한 사기꾼은 아는 사람을 사기 치는 사람이다.

'가장 멋진 인생이란' 어떤 인생일까요?

회자되고 있는 좋은 글을 제시하고 싶다.

가장 현명한 사람은 늘 배우려고 노력하는 사람이고 가장 훌륭한 정치가는 물러나야 할 때가 되었다고 생각이 되면 하던 일을 후배에게 맡기고 미련 없이 떠나는 사람이며 가장 겸손한 사람은 개구리가 되어서도 올챙이 적 시절을 잊지 않는 사람이다.

가장 넉넉한 사람은 자기한테 주어진 몫에 대하여 불평불만이 없는 사람이고, 가장 강한 사람은 타오르는 욕망을 스스로 자제할 수 있는 사람이며, 가장 겸손한 사람은 자신이 처한 현실에 대하여 감사하는 사람이다.

존경받는 부자는 적시 적소에 돈을 쓸 줄 아는 사람이고. 가장 건강한 사람은 늘 웃는 사람이며, 가장 인간성이 좋은 사람은 남에게 피해를 주지 않고 살아가는 사람이다.

가장 좋은 스승은 제자에게 자신이 가진 지식을 아낌없이 주는 사람이고, 가장 훌륭한 자식은 부모님의 마음을 상하지 않게 하는 사람이며, 가장 현명한 사람은 놀 때는 세상 모든 것을 잊고 놀며 일할 때는 오로지 일에만 전념하는 사람이다.

가장 좋은 인격은 자기 자신을 알고 겸손하게 처신하는 사람이고, 가장 부지런한 사람은 늘 일하는 사람이며 가장 훌륭한 삶을 산 사람은 살아 있을 때보다 죽었을 때 이름이 빛나는 사람이다.

어떻게 해야 미래에 활기차게 살아갈까?
챗GPT에 물었다.

그 답은 사람에게 있다. 사람의 삶 속에 있다. 문자화되어 있는 지식이나 정보는 인공지능이 더 잘 알고 있다. 필요하면 챗GPT에게 물어보면 된다.

하지만 인공지능이 갖고 있지 못한 게 있다. 바로 지혜다. 지혜는 사람에게서 구해야 한다. 그래서 사람 공부가 최고 공부다.

지식과 지혜는 차원이 다르다. 인간의 고뇌와 사색, 고난과 역경의 경험 속에서 싹트는 것이 지혜이다. 특히 사람과 사람 사이의 경계선에서 움튼다.

AI(인공지능) 기술과 테크놀로지가 발전할수록 인간의 정신, 철학, 윤리, 도덕에 더 많은 관심과 공부가 필요하다.

세상은 우리가 예상한 이상으로 크게 변화해갈 것이다. 엊그제는 미국에서의 AI 시장이 기대 이하의 실적이 예상되어 증시가 폭락된다고, 경기 침체의 공포로 시장 경기가 급속도로 악화될 것이라는 뉴스가 있었다.

그러나 세상은 지속적으로 변해왔고 앞으로도 변해갈 것이다. 우리는 도도히 흐르는 변화의 물결을 즐기며 주도해 나가는 미래를 만들어야 한다. 우리의 기개와 열정이 흘러넘치는 오늘을 가꾸어야 한다.

8

자아실현의
중심,

가치관을
바로
세워라

가치관은 인간이 추구해야 할
가장 근본적인 자아실현의 동인이 아닐까?
자신의 잠재력을 최대한 발휘하고
자신만의 독특한 삶을 살아가는 것이 중요하다고 본다.
도덕성과 윤리성을 존중하고
삶의 의미와 행복을 추구하는 것이 소중하다.
타인에 대한 배려와 존중, 정의감 등도
지녀야할 덕목이겠지만
사회적 규범과 가치를 준수하며 책임감 있게 행동하는 것을
소중하게 받아들일지는
모두의 마음속에 기준을 두고 있지 않을까?

우리 사회의 과거를 성찰한다면?

단순하게 말할 수 없을 것이다. 성찰할 수 있을까?

어느 순간 변해가는 우리 주변을 살펴볼 필요가 있다. 모두 동의하지 않겠지만 나의 경우나 내 주변을 보면 우리 세대는 배고픈 세대였다. 오직 삶의 목표와 희망이 가난 극복이었다. 춘궁기에는 굶주리는 사람들이 많았다. 쌀밥을 먹어 보는 것이 큰 부러움이기도 하였다. 가난 자체를 거의 운명으로 받아들이고 불평도 없었다. 무슨 짓을 해서라도 자식들의 성취에 온 힘을 다 바쳤던 부모 세대가 있었다. 어떻게든 자식들을 공부시키고 굶주리게하고 싶지 않았다.

그 자식들은 대부분 대학을 졸업하고 지금 현재보다는 더 좋은 조건에서 성장하여 직장에 취업 걱정 없이 생활 전선에 뛰어들어 나름대로 삶의 터전을 잡아 나갔으나 경쟁이 지나쳐 넉넉한 세상을 만들지 못하고 부동산이나 주식 투자 등 일확천금을 노리는 한탕족들이 더 활개를 치는 사회가 되지 않았을까?

불로소득이나 공짜를 좋아하고 만족을 모르는 졸부들이 많아져서 안타까운 마음이다. 그들의 행동을 비판해야 할까? 자기이익을 추구하는 인간의 욕구로 봐야 할까?

우리 사회의 가치관 변화를 어떻게 생각하시나요?

이제 다양한 변화의 과정을 보이고 있지 않을까?

워라밸이 등장하고 개인의 권리와 성취를 중시하는 현대의 가치관이 조화를 이룰 수 있을까? 변화 속에서 우리 주변을 돌아볼 필요가 있다. 성찰할 수 있을까?

어느 순간 변해가는 우리 주변을 보면 지나친 경쟁으로 남을이겨야 한다는 중압감 속에서 인생을 살고 있다고 본다. 배움을시작하는 어린아이 때부터 성장하여 직장 생활에 이르는 거의모든 인생이 경쟁으로 이어지고 있다.

사회는 양극화가 심해지고 개발 시대를 거치면서, 특히 IMF금융위기를 벗어나며 경제, 사회, 교육, 문화 격차가 더 커지지않았을까?

격차가 커지는 빈부갈등, 경제, 사회, 문화적 격차를 줄여 나갈 수 없을까? 가난해도 우수한 청년들에게 마음껏 공부할 수있는 교육 시스템을 어떻게 제공할 수 없을까? 작은 돈으로 집을구해야 할 청년들이 기거할 집들을 국가나 지방자치단체가 제공할 수는 없을까? 간절한 마음을 담은 희망을 가지고 있다.

전통적 가치관이 현대에도 유용할까요?

인간이 품격 있는 인간으로 살아가는 데 우리가 존중해야 할 가치가 있다. 부모에 대한 효도나 나라에 대한 충성을 중시하는 삶은 언제 어디에서나 지켜야 할 인간의 도리가 아닐까?

늘 젊은이들에게 얘기한다. '효자가 다 잘되는 건 아니나 성공한 사람의 대부분은 효자 아닌 사람들이 없다'고 말한다. 진정한 인간다움의 삶은 개인의 성취와 이익뿐만 아니라 사회 공공선을 추구하는 마음가짐이라고 여긴다.

넉넉하게 사는 사람들이 내 행복은 내가 만들지 않았다고 특별히 받은 축복이라며 약자나 소외된 사람들도 돌아보라는 소명을 받았다고 감사해 하며 나눠줄 수 있다면 큰 축복이 될 것이다.

조선시대 3대 청백리 중 한 사람이었던 오리 이원익 선생의 말씀이다. 오늘에 사는 우리도 명심하면 어떨까?

'나의 가치관과 삶의 기준은 나보다 뛰어난 사람의 철학과 행실에 비견하고, 나의 현실적 지위와 분수는 나보다 어려운 처지에 있는 사람과 비교하면서 긍정으로 자족하는 것이 가치 시대를 지혜롭게 사는 삶이다.' '삶의 지향은 항상 나보다 위에 있는 사람을 목표로 삼아 행하고, 처지와 형편은 항상 나보다 아래에 있는 사람과 비교하여, 행복하게 여기도록 하라.'

좋은 마음을 실행하기 위하여
어떤 노력을 하시나요?

나는 스스로 다짐하는 뜻에서 일하는 책상 앞에 한문으로 쓰여 있는 두 개의 액자를 걸어 놓고 있다. 하나는 '자신을 위하여 땀을, 친구를 위하여 눈물을, 나라를 위하여 피를 흘려라'(爲己流汗, 爲友流淚, 爲國流血)라는 글이 쓰여 있고 다른 하나는 송무백열(松茂栢悅)이라는 문구다. '소나무가 무성하면 잣나무가 즐거워한다'라는 문장으로 나도 잘되고 남도 잘되기를 바라는 글이다.

자기 자신을 위하여 각고의 노력을 기울이는 것, 친구에게 따뜻한 마음을 주는 것, 나라가 위난에 처했을 때 목숨을 걸고 싸워 우리를 지킬 수 있는 굳건한 의지가 소중하다고 믿고 있다.

삶이란 무엇일까요?

나도 아직 삶이 무엇일까 한마디로 설명할 만한 경륜을 얻지 못했다. 기대 수명(84세)을 다 살고 나서 돌이켜 보니 인생은 선택의 연속이 아닐까? 한평생을 사는 동안에 수없이 많은 선택의 갈림길에서 방황하고 갈등을 겪는 과정이 있었다.

이 길을 선택하면 과연 옳을지, 아니면 저 길을 선택해야 현명할지, 명확하게 판단하지 못한 경우가 거의 전부였다. 모든 일은 보이지 않는 힘이 역사했다. 하나를 선택함으로써 얻는 결과를 미리 예측하고 가늠하여 올바른 선택을 하기란 생각처럼 쉽지만은 않았다.

우리가 하는 선택이 항상 올바르고 현명한 선택일 수는 없지만 최선의 선택이길 바라는 마음은 누구나 마찬가지일 것이다. 살다 보면 옳지 못한 선택임을 알면서도 선택해야 하고 가지 말아야 할 길임을 알면서도 어쩔 수 없이 가야 할 경우도 많았다.

비록 가지 말아야 할 길을 가게 되더라도 그 여정에서 겪는 아픔과 시행착오를 통해 우리는 많은 지혜와 깨달음을 얻고는 했다. 자유로운 우리 삶이지만 항상 올바른 선택을 할 수 있도록 마음을 비우고 욕심 없이 겸허히 세상을 바라볼 수 있는 지혜롭고 현명한 태도로 살아간다면 후회 없는 삶을 이룰 수 있다고 본다.

진정한 성공은 무엇일까요?

진정한 성공은 자기가 이룬 작은 성취라도 나눌 수 있는 삶을 사는 것이 아닐까? 돈이나 권력, 명예에 비중을 두는 우리 주변을 본다.

그러나 그걸 다 얻고 난 다음 제대로 활용하지도 못하고 죽을 때 허무하게 하직한 많은 분들을 알고 있다.

높은 직위에서 관직의 소임을 다하고 물러나서 자신이 가진 지식과 경험을 후대에 전파하는 공직자들이 얼마나 될까? 인구 소멸을 걱정하는 고향에 내려가 작은 서클도 만들어서 청년들에게 에너지도 주고 고향에 기업이나 산업 시설도 유치하여 자문도 해주며 살기 좋은 마을로 만든 꿈을 실행한다면 얼마나 좋을까?

거기에는 병원도 없고 복지 시설도 없고 불편하다고? 영향력 있는 분들이 그곳을 살기 좋은 곳으로 만들자고 '병원이 필요하다. 복지 시설이 너무 부족해서 힘들다'고 외치면 어떨까?

인생을 살아오면서
가장 아끼는 좌우명은 무엇인가요?

나는 성경에 있는 2개의 말씀을 늘 좋아하고 실천하려고 노력하였다. 그러나 하나님 보시기에 합당한 삶을 살아왔는지 부족함을 느끼며 늘 기도하며 반성해왔다.

'너희는 세상의 소금이니 만일 그 맛을 잃으면 무엇으로 짜게 하리오. 너희는 세상의 빛이라 산위에 있는 동네가 숨겨지지 못할 것이고 이같이 너희 빛이 사람 앞에 비치게 하여 그들로 너의 착한 행실을 보고 하늘에 계신 너희 아버지께 영광을 돌리게 하라'

'항상 기뻐하라. 쉬지 말고 기도하라. 범사에 감사하라. 이는 그리스도 안에서 너희를 향하신 하나님의 뜻이니라'

기독교인이 아니더라도 가슴에 품고 실천한다면 좋은 인생관을 가질 수 있을 것이다.

우리 인간은 어떤 자세로 살아야 할까요?

우리는 라틴어에 있는 세 문장을 명심하면 어떨까? 자기 관리와 절제를 잘할 수 있다.

메멘토 모리(memento mori): 죽음을 기억 하라.

카르페 디엠(carpe diem): 현재에 충실하라

아모르 파티(amor fati): 운명을 사랑하라.

'메멘토 모리(memento mori)'는 죽음을 기억하라는 오묘한 뜻을 지니고 있다. 유래는 2000년 전 로마 공화정의 개선식에서 비롯되었다. 개선식은 전쟁에서 승리한 장군에게 주어지는 최고의 영예였다.

백마 네 마리가 끄는 전차를 타고 개선 퍼레이드를 벌이는 것이다. 영웅이 탄 마차가 연도를 메운 로마 시민의 환호 속을 헤치고 행진하는 장면은 장쾌했다.

개선장군이 손을 들어 시민들에게 화답하는 동안, 장군 뒤에 탑승한 사람이 큰소리로 계속 외쳐대는 장면이다. 대중의 환호소리가 커지면 커진 만큼 그의 목청도 따라 커지는 외침이 있었다. "메멘토 모리! 메멘토 모리!"

"오늘은 개선장군이지만 너도 언젠가는 죽는다. 겸손하게 행동하라." 승리에 도취된 장군을 향해 준엄한 하늘의 소리를 들려주는 것이다.

"승전한 영웅 그대여! 영광의 이 순간에도 유한한 인간의 본분을 잊지 말지니!" 교만한 인간의 관성에 경각심을 일깨우는 장치 하나를 둔 것이다.

'메멘토 모리'에는 세 가지 철학적 가치를 담았다.

죽음을 기억하라!
운명을 사랑하라!
현재에 충실하라!

이 세 경구는 오늘을 사는 우리에게도 획 하나 가감 없이 들어맞는 처세훈이자 삶의 태도다. 생전에 스티브 잡스도 스탠퍼드대 졸업식 축하 연설에서 이를 강조했다.

췌장암 투병으로 힘든 시기를 보내던 잡스가 연단에 올라 '죽음은 삶이 만든 최고의 발명품'이라고 격찬했다. 죽음이 없었으면 나는 실패한 인생을 살았을 것이라는 의미였다.

그러므로 "제한된 시간을 다른 사람의 인생을 살듯이 낭비하지 말라"라며 "오로지 자신을 믿고, 열정으로 집중하십시오." 사회로 첫 발을 내딛는 스탠퍼드 학생들에게 혼신의 힘을 실어 일렀다.

메멘토 모리와 함께 자주 인용되는 또 하나의 문장이 있다.

'카르페 디엠(carpe diem)' 본래 이 말은 오만하지 말고 '현재를 가치있게 살라'는 뜻으로 오늘을 즐기며 살라는 것으로도 읽힌다.

메멘토 모리와 카르페 디엠은 언뜻 보면 다른 뜻 같아 보이나 늘 함께 짝을 이루어 역사의 물결을 타고, 사람들에게 속삭여준다.

성서에도 사람은 겸손하기가 참 어려운 동물이라고 여러 곳에 기록되어 있다. 한여름의 잡초처럼 매일같이 발로 꾹꾹 밟아주지 않으면 순식간에 웃자라버리는, 그것이 잡초의 성질이고 사람의 교만이다.

돈 좀 벌었다고 거들먹대고, 작은 감투 하나에 큰 벼슬이라도 한 양 목에 빳빳하게 풀을 먹이고 우쭐대는 걸 보면 교만만큼 인간의 본성이 뚜렷한 것도 없어 보인다.

교만은 만악의 뿌리이고 패망의 앞잡이란 가르침이 끊이질 않지만 인류의 역사는 달라지지 않았다. 인류의 흥망성쇠가 교만의 악순환에서 비롯된다고 한다.

'아모르 파티(amor fati)' 사랑을 뜻하는 '아모르'와 운명을 뜻한 '파티'를 합성한 라틴어로 운명을 사랑하라는 뜻을 지녔다. 인간이 가져야 할 기본이 되는 삶의 태도로, 니체가 처음 사용했다.

"네가 세상에 울면서 태어날 때 세상은 기뻐했으니, 네가 죽을 때는 세상은 울어도 너는 기뻐할 수 있도록, 그러한 삶을 살라."라는 의미다.

죽음을 기억하고 운명을 사랑하고 오늘에 충실하라고.

기업인이 존경받는 나라들은 어디가 있을까? 챗GPT에 물었다.

기업인들이 존중 받는 나라는 여러 곳이 있지만, 특히 다음 나라들을 주목할 수 있다. 미국은 혁신과 기업가 정신이 강하게 장려되는 곳이며 실리콘밸리와 같은 지역은 스타트업과 기업가들에게 큰 기회를 제공하고 있으며 독일은 강한 제조업 기반과 중소기업(SME)들이 경제의 중요한 부분을 차지하고 있어서 기업인들이 중요한 경제 주체로 존중받고 있다.

싱가포르 같은 나라는 비즈니스 친화적인 환경과 낮은 세율 그리고 효율적인 규제로 기업가들에게 매우 매력적이다. 스위스는 안정적인 경제와 높은 생활 수준, 그리고 비즈니스의 혁신에 대한 높은 평가로 기업인들이 존중받고 있는 나라다.

캐나다는 기업 친화적인 정책과 다양한 지원 프로그램으로 기업가들이 활동하기 좋은 환경을 제공하고 있는 나라다. 이 나라들에서는 기업인들이 경제 성장과 혁신의 핵심으로 인식되고 존중받는 경향이 있다.

여러분이 정책을 입안하거나 창업에 도전한다면 기업하기 좋은 환경을 조성하여 노동자들에게 충분한 보상을 하고 사회 역동성을 춤추게 하면 어떨까?

노동자들이 존중받고 살기 좋은 나라는 어디일까요?

노동자들이 존중받고 살기 좋은 나라는 보통 복지와 노동권이 잘 보장된 나라들이다. 덴마크는 높은 수준의 노동권과 좋은 복지 제도를 가지고 있다. 노동자들은 강한 노동조합의 보호를 받고, 높은 임금과 좋은 근로 조건을 누리고 있다.

노르웨이는 덴마크와 비슷하게 높은 수준의 노동권과 복지를 제공하고 있고 노동자들은 건강보험, 유급 휴가, 그리고 일과 삶의 균형을 잘 유지할 수 있는 제도를 누리고 있다.

스웨덴은 노동자들에게 좋은 복지와 근로 조건을 제공하며 유급 육아 휴직과 같은 혜택이 잘 마련되어 있고 노동조합이 강력하게 보호해주며, 독일은 강한 노동법과 좋은 복지 제도를 통해 노동자들을 보호하고 있다.

특히 제조업 분야에서의 직업 안정성과 높은 임금이 특징이며 핀란드는 교육과 복지 시스템이 잘 갖추어져 있고 노동자들이 높은 수준의 삶을 유지할 수 있고 노동권도 잘 보호되고 있을 뿐만 아니라 이 나라들은 모두 노동자들에게 높은 수준의 복지와 권리를 보장해주는 곳으로 알려져 있다.

기부 문화가 활성화 되어있고
기부자들이 존경받는 나라는 어디일까요?

미국은 강력한 기부 전통을 가지고 있고, 많은 재단과 함께 기부 문화를 매우 중요하게 여기고 있으며 기부자에게 세금 혜택을 제공하고 많은 유명한 자선가들이 학교, 사회단체, 불우 시설에 거액의 기부를 하는 전통이 있어서 자본가들이 존경받는 나라이다.

캐나다도 탄탄한 자선 부문을 가지고 있으며, 다양한 조직이 기부를 장려하며 기부에 대해 세금 공제를 제공하여 사람들의 기부를 장려하고 있고 영국은 오랜 기부 역사를 가진 잘 발달된 자선 부문이 있어서 Gift Aid를 통해 자선단체가 기부자의 기본 세율을 환급받을 수 있어서 기부금의 가치를 높여주고 있다. 호주는 강력한 기부 전통을 가지고 있으며, 다양한 조직이 여러 가지 목적을 지원한다. 기부자에게 세금 혜택을 제공하고 기부가 사회 커뮤니티에서 자주 칭송받으므로 기부를 큰 보람으로 여기고 있다. 독일에서는 사회적 목적과 비영리단체에 대한 강력한 기부 문화가 있다. 사회 공헌이나 기부에 대해 세금 공제는 물론 존경받는 문화를 갖게 하여 기부를 장려하고 있다.

우리도 기부 문화를 장려하고 사회 공익 활동을 누구나 어디에서든 할 수 있게 하는 시스템을 구축해야 한다.

좋은 가치관을 위하여 교육이 중요한데
현재의 교육을 성찰한다면?

오직 경쟁으로 달려가고 있는 느낌이다. 넉넉한 품성을 갖추는 교육, 존중과 배려보다는 이기는 데 집중하는 사회 여건이 우리의 미래를 암울하게 하지 않을까? 성적 중심, 주입식 교육의 함정에서 무기력한 삶을 살아가고 있지 않을까?

입시를 위한 일타 강사에 얼마를 투자하였다. 의학전문대학원, 법학전문대학원에 보내기 위하여 스펙을 위조하고 온갖 부정 행위를 저지르고도 미안해 하지도 않는 사회를 누가 만들고 있을까?

배운 사람들이, 부를 물려받은, 축복받은 사람들이 자기만, 자기 자식들만을 위한 탐욕에 빠진다면 세상은 어떻게 변할까? 이제 책을 읽는다든지 지혜를 쌓기 위한 사색이나 새로운 미래를

개척하기 위한 도전보다는 스마트폰만을 바라보는 젊은 세대를
바라보면 마음이 답답하기도 하다.

군인, 경찰관, 소방관 등 제복 입은 분들에 대한 예우는 왜 중요할까요?

군인이나 경찰관이나 소방관은 목숨을 걸고 자기 임무를 수행
한다. 그들의 헌신과 희생이 있으므로 나라가 안정적으로 질서
를 유지하고 평화를 누린다는 진리를 존중해야 한다. 또한 애국
선열, 호국용사 보훈은 우리의 소명이며 책무로 소중한 마음으
로 경의를 드려야 한다.

선진국의 사례를 보면 미국은 제복을 입은 직원을 무시하면
사회적 배척, 소셜 미디어에 의한 응징, 대중으로부터 수치심을
받게 되고 경우에 따라, 특히 경찰관과 소방관을 방해하거나 피
해를 주는 행위의 경우 개인은 벌금과 징역을 포함한 엄중한 법
적 처벌을 받게 된다.

미국 같은 경우 70년 전에 한국전에서 전사한 한 사람의 유골
을 맞이하기 위하여 늦은 밤 대통령 이하 고위 공직자들이 경건
하게 영접하는 광경을 보며 국민들이 애국심을 느끼지 않을 수
있을까? 군인이나 경찰관, 소방관에 대한 존중을 매우 중요하게
생각하여 무례한 행동을 보이면 경력 자체에 기록으로 남게 되
어 불이익을 당하는 시스템이 갖춰져 있다.

우리 한국도 나라 위하여 헌신하는 제복 입은 공직자들에게

존중과 배려를 생활화하여야 한다. 우리 자신의 가치를 높이는 일이기도 하다.

몇 개 나라의 가치관을 비교한다면?

가치관은 개인이나 집단의 신념, 목표라고 보는데 다양한 형태로 발현됨을 볼 수 있다.

누가 중산층인가?

● 한국—일반 서민들의 저항 정신, 불의에 항거해온 의식과는 다르게 현재의 중산층은 돈을 중심으로 가치관을 평가한다는 우려가 있다. 아파트 30평 이상, 월 급여 500만 원 이상, 2000cc중형차, 예금액 1억 원 이상

● 영국—페어플레이, 자신의 주장과 신념 뚜렷, 약자 두둔, 불의 불법에 맞서야

● 미국—자신의 주장에 떳떳, 약자 성원, 부정 불의에 저항, 비평지 정기구독

● 프랑스—외국어 하나 정도, 직접 즐기는 스포츠, 다룰 줄 아는 악기, 다른 맛을 낼 수 있는 요리 실력, '공분'에 의연히 맞서야

* 공통적으로 약자를 도우며 봉사활동 꾸준히
* 물질 숭상이냐? 정신 존중이냐? 의 차이가 아닐까?

이웃에 대한 헌신은
인간으로써 꼭 해야 할 행동이 아닐까요?

따뜻한 사랑 나눔, 봉사는 우리 삶을 더욱 윤택하게 아름답게 가꾸지 않을까? 헌신하는 열정적인 사람들을 만나면 늘 즐겁고 존경스럽다.

장인환 대표는 지금은 미래에셋과 바른로펌의 고문이다. 서울대 경영대를 나와 증권회사에 근무하고 KTB자산운용 사장을 지내는 등 금융증권 분야의 전문가이다. 그는 공군장교전우회 부회장으로 봉사하면서 내가 순직 조종사 가족들을 성원하는 작은 일을 하고 있었을 때 자신이 함께하고 싶다는 제안을 하고 손이분 순조회장의 요청으로 유자녀를 돕는 하늘사랑장학기금을 위하여 자신이 기부한 1억 원을 포함한 종자돈 5억 원을 마련하고 이계훈 공군총장에게 기탁하여 오늘날의 200여억 원에 가까운 기금이 조성된 하늘사랑장학기금을 운영하게 하여 유자녀들에게 마음껏 공부할 수 있도록 뒷받침한 공군 사랑을 꾸준히 실천하고 있다.

이앙로 후배는 육군 대령으로 전역 후 한전에서 비상계획부장을 역임하면서 이콥엔젤스라는 사회봉사 모임을 만들어 꾸준히 봉사하고 있다. 20년째 회장으로 봉사하면서 채상목, 안상연,김송자, 이길자, 조향숙, 이승근, 구본우, 김태순, 한석봉 등 기업인, 변호사, 회계사와 같은 전문직들 20여 명이 회비를 모아 주몽재활원이라는 중증장애인 시설, 정성 노인의 집 등 요양 불우 시설과 그늘진 곳에 정성껏 봉사와 기부, 그리고 헌신을 즐기며 주변에 유익한 사랑 나눔을 하는 보람 있는 삶을 살고 있다.

그는 또 예비역 장교나 퇴직 공무원들과 함께 국민안전협회를 위하여 회장으로 봉사하면서 향토방위나 재난 극복에 대비한 훈련과 대응 태세를 갖추도록 계획을 세우고 훈련하고 평가하는 역할을 하며 사회와 나라를 위한 봉사를 즐기고 있다.

홍석보 이사장은 비봉학원을 운영하고 있다. 학업뿐만 아니라 유도와 골프의 명문고로도 유명한 학교인데 연평해전과 천안함 피침으로 43명의 용사들이 순직한 이후 유자녀들에게 거액의 장학금을 매년 지급하여 학업을 돕고 있는 교육자이며 사회사업가이다. 그의 부친이 나와 장교 동기생으로 청년 시절 유도 선수로 활약한 홍성무 대령으로 30년 동안 육사 교수로 후학들을 지도하고 전역 후 나라 사랑에 대한 열정을 쏟다가 소천하고 그의 의지를 아들이 이어가고 있는 모습에 경의를 드리고 있다.

김용우 회장은 육군참모총장으로 재직하면서 군 장성들에게 변화하는 전쟁 형태의 변화에 대응하여 4차 산업 연관 우리나라 최고의 전문가들을 초빙하여 드론이나 로봇, 사이버 보안, 인공지능에 관한 수련과 전력 보강에 열정을 쏟고 전역하여 월드투게더라는 국제단체에서 에티오피아, 케냐 등 한국전 참전 후손들을 위한 장학 사업, 생업 지원 등을 열정적으로 수행하면서 군 선교 사역에 헌신하여 전역 이후 역동적으로 봉사하는 제2의 인생을 즐기고 있다.

이금용 회장은 도움과나눔재단을 운영하며, 매월 400여 명과 함께 기업가 정신포럼으로 미래를 탐구하는 사람들에게 사회가 관심 갖는 분야의 기업인, 교수들을 초빙하여 강연이나 토론을 주관하여 에너지 주는 일을 즐기고 있다. 기업인들에게 출신 대학 스타트업 창업가들을 위한 테이블을 기부받아 젊은 기업인들에게 활력을 불어 넣어 주기도 한다.

장진섭 대표는 미국 보스턴에서 교육 사업을 하고 있는 글로벌 인재이다. 그는 육사를 수석으로 졸업하고 유학 후 연합사작전장교로 근무한 다음 전역하고 미국에서 교육 사업을 하고 있다. 민간 외교를 통하여 나라 이익의 일익을 담당하고 있기도 하다. 보스턴 인근의 가정 형편이 어려운 청소년들에게 '새마을운동정신'을 전파하고 있으며 매년 한국에 거주하는 탈북대학생 10여 명을 보스턴에 초청하여 기업가 정신 프로그램인 'Power of Hope(희망의 힘)'에 참여시켜 탈북자들이 성공하는 미래를 만들어 언젠가 통일을 이루었을 때 큰 기여를 하리라는 꿈을 키우고 있다.

주변을 밝게 변화시키는 사람들이 빛과 소금의 역할을 하고 있다.

사회적 약자에 관심이 많으신데
어느 분야에 관심을 두시나요?

장애인들을 돕는 일과 탈북 청년들에게 깊은 애정을 가지고 있다. 장애인 시설은 네 군데를 성원한다. 재활기관에서 만나는 중증장애인들은 늘 마음을 먹먹하게 한다.

음식도 자력으로 먹지 못하는 어린 아이로부터 성인에 이르기까지 그들을 만나고 오면 하나님께 대한 기도를 하게 된다. 광명 장애인일터는 모든 임직원이 휠체어를 타거나 중증장애를 갖고 있다. 작은 선물용 소품을 만드는 그들의 표정은 늘 밝고 활기에 넘치는데 즐겁게 일하는 축복을 느끼고 감사해 한다.

나는 청년들이나 제2의 인생을 준비하는 장년들의 스타트업 창업을 코칭하거나 성원하고 있다. 탈북 청년들의 취업이나 창업도 성원한다. 그들의 대부분은 '가난과 굶주림으로 탈북하였다'고 말하며 힘겨운 재기를 꿈꾸고 있다. 나는 주기적으로 그들을 만나 얘기 들어주고 격려한다.

아울러 이들을 성원하고 있는 기업은행에 감사드리고 싶다. 기업은행은 한남동과 수지에 있는 전산센터 1층에 작은 공간을 탈북 청년들에게 무상으로 대여하여 커피숍을 운영하게 해주고 있다. 마음 따뜻한 은행이다. 그들이 작게 시작한 사업이 결실을 맺어 탈북 청년들이 좋은 성공을 이루고 또 다른 정주영이 탄생되리라 믿고 응원하고 있다. 에너지 주는 모든 분들에게 감사와 경의를 드린다.

봉사는 따뜻한 마음을 지닌 우리 인간이 펼치는 아름다움이 아닐까요?

매월 만나는 축복을 누리며 새벽 4시에 일어나 '사랑마루'에서 밥 퍼 주며 따뜻한 정 나누는 SLA 윤명순, 조칠현, 김정옥, 최종효, 임화선, 조순옥, 진명숙, 남정윤 대표 등 20여 봉사 멤버들은 대부분 중소기업이나 자영업을 운영하면서 봉사한다. 불우한 분들에게 급식 봉사를 즐기는데 그들의 일정은 늘 바쁘게 이루어지고 있다. 자기 시간이 남아서 사랑 나눔에 참여할까? 아니다. 그들도 바쁜 일정을 쪼개서 나누는 사랑이다.

베이비 박스에 버려진 아이들을 돌보는 주사랑공동체교회 이종락 목사 내외분과 자원봉사자들을 보면 숙연한 마음이 든다. 버려진 아이들이 거의 중증장애인이거나 기형아들이다.

초창기 우리 온 식구들이 방문하고 성원한 이후 늘 그들을 위하여 기도한다. 목사님 내외분은 진정한 천사로 살아가고 있다. 봉사와 헌신으로 세상을 아름답게 만들고 즐기는 분들의 삶, 우리 모두는 깊은 경의를 드리고 성원할 수 있기를 소망한다.

내가 알고 가깝게 지내는 분들 외에도 우리 사회에는 여러 분야에서 수많은 자원봉사자들이 불우 시설이나 복지 시설에서 묵묵히 헌신하시는 분들이 많다. 소외되고 힘들어 하는 사람들에게 사랑 나눔을 하는 분들은 누구나 할 수 있는 일이 아니다. 인간다운 마음, 좋은 가치관을 지닌 아름다운 사람들이다.

젊은 여러분은 봉사 모임 한두 군데는 참여하고 사랑 나눔을 즐기면 어떨까? 인간으로서 따뜻한 심성을 지닌 사람으로 살아가는 축복이므로.

모범을 보여주신 기업인의 사례는?

돈(富)을 축적하고 권력(權力)이 막강해지고 명예(名譽)까지 높아지면 그 사람에게 쉽지 않는 게 세 가지가 있다고 말한다. 겸손(謙遜)해지기가 쉽지 않고 이웃을 배려(配慮)하는 마음과 남에게 베풀며 살기가 쉽지 않으며 절제하며 검소(儉素)한 생활하기가 쉽지 않다고 했다.

그런데 우리가 잘 알고 있는 2018년에 작고(作故)하신 LG그룹의 구본무 (具本茂) 회장을 새삼 생각하게 된다. 그는 우리 사회에서 가진 자(者) 중에서 그야말로 보기 드문 거목(巨木)이지 않았을까? 스스로 연명 치료를 거절하셨고 자연의 법칙에 순응하시고 이 세상을 떠나신 분이다.

그는 대기업의 총수였지만 약속 장소에 갈 때도 흔히들 일부러 늦게 나타나는 권위 같은 것을 일체 내세우지 않고 시간도 정확하게 신사도(神士道)를 발휘한 기업의 총수였다고 전해지고 있다. 그는 무엇보다도 우리 조국, 대한민국을 사랑하신 분이다.

그래서 만든 게 지금 우리 사회에 큰 귀감이 되고 있는 LG 義人賞(의인상) 시상 제도이다. 국가를 위하여 사회를 위하여 희생한 사람과 그 가족들에게 거액의 위로금을 베풀고 있다.

마지막까지 조용히 영면하고 싶어하셨던 거인(巨人) 구본무 회장은 꼭 삼일장(三日葬)에 수목장으로 하고 가족만 참배하도록 간곡히 부탁까지 한 그 배려심에 경의를 드리지 않을 수 없다.

정치인의 사례는 누가 있을까요?

제2차 세계대전에서 프랑스를 구한 드골 대통령이 1970년 서거(逝去)할 때 그는 유언에서 가족장(家族葬)으로 할 것과 대통령이나 장관들이 참례하는 것을 못하도록 하라고 하면서 그러나 2차 대전 전쟁터를 같이 누비며 프랑스 해방(解放)을 위하여 함께 싸웠던 전우(戰友)들은 참례를 허락하라고 하였다.

프랑스 정부는 이 유언(遺言)을 존중하여 파리의 노트르담 성당에서 영결식을 거행하였으나 대통령과 장관들은 영결식장에 가지 않고 각자 자신들의 사무실에서 묵념을 올리는 것으로 조의를 표했다.

드골 대통령은 자신이 사랑했던 장애인 딸의 무덤 옆에 묻어 달라는 유언도 남겼다. 그뿐 아니라 내가 죽은 후 묘비를 간단하게 하라. 이름과 출생 사망 년도만 쓰라고 했다.

그래서 드골 전 대통령의 묘비에는 이렇게 적혀 있다.

'Charles de Gaulle, (1890 - 1970)'

그리고 드골은 대통령 퇴임 후 정부가 지급하는 퇴임 대통령 연금과 가족에게 지급하는 연금도 받지 않았다. 드골은 그 돈은 가난한 국민들을 위해 사용해 달라고 했다.

그에 따라 정부는 드골 퇴임 후 본인은 물론 서거 후 미망인,

가족들에게 지급되는 연금도 무의탁 노인들과 고아원 어린이들을 위해 사용하는 신탁 기금에 보내 사용하도록 하였다.

드골 대통령의 가족들은 국가로부터 연금을 받지 못했기 때문에 드골 대통령이 출생하고 은퇴 후 살던 생가(生家)를 관리할 능력이 없어 그 저택을 팔았다.

그 저택은 그 지방 영주가 구입, 정부에 헌납하여 지방 정부가 문화재로 지정하고 지금은 드골 기념관으로 관리하고 있다.

우리도 이런 지도자 한 분 모셨으면 어떨까? 퇴직 후에도 국가에서 지어준 큰 저택에서 30여 명의 경찰공무원 경호를 받으며 많은 연금을 받고 노년을 즐기는 분들이 국민들을 위한 봉사와 헌신하는 삶을 산다면 국민들이 존경하고 사회에 좋은 가치관을 만들 수 있을 것이다.

'인간의 가치를 세워야 나라가 삽니다'
어느 교수의 절규를 들어볼까?

〈김병연, 서울대 경제학부 석좌교수〉

영국 대학 조교수일 때 필자의 연봉은 세전 2000만원을 조금 넘었다. 4인 가족이 겨우 먹고살 정도였다. 같은 나이 또래의 교사나 소방관과 비슷한 액수였다.

교수들의 불만은 정부를 향했다. 교수노조는 수업을 중지하고 데모에 동참해 달라고 호소했지만 참여하는 교수는 극소수였다. 학교 후문에 몇 명의 교수가 엉거주춤 서서 월급 인상을 요구하는 팻말을 들고 있는 정도였다.

필자는 한 영국인 교수에게 왜 데모에 동참하지 않는지 물었다. 그가 말했다. "내가 좋아서 택한 직업입니다. 돈이 전부가 아닙니다." 가치와 계산이 조화되어야 선진국이다. 손익만 따지는 나라는 인간의 가치가 사라진 후진국이다.

한국인은 어떻게 직업들을 선택할까? 세계가치관 조사에 따르면 한국인의 84%가 직업 선택의 가장 중요한 기준으로 월급과 안정성, 즉 평생 소득을 꼽았다.

조사 대상 47개국 중 한국보다 이 비중이 높은 나라는 에티오피아, 이집트, 루마니아 3개국에 불과했다.

조사가 행해졌던 2005~2009년에 세 나라의 평균 소득은 약 3000달러 정도였지만 한국은 2만 달러를 넘었다. 그런데도 돈 대신 보람과 동료를 택한 한국인의 비중은 겨우 16%에 불과했다. 세계에서 꼴찌였다. 반면 스웨덴인의 76%는, 보람과 동료를 직업 선택의 가장 중요한 기준이라고 답했다.

심지어 같은 아시아권인 일본, 대만, 중국도 이 비중이 50%, 35%, 26%였는데도 말이다.

사람의 가치를 재평가하는
유명한 사례를 바라본다면

19세기 초, 아프리카 탐험에 나선 영국인 두 명이 있었다고 한다. 한 사람은 '세실 로즈(Cecil John Rhodes)'였고, 다른 한 사람은 '데이비드 리빙스턴(David Livingstone)'이다.

세실 로즈는 아프리카에서 엄청난 황금과 다이아몬드를 발견하고 영국으로 가져왔다. 이를 황금전쟁이라 하여 수많은 원주민들을 죽였지만, 영국에는 엄청난 이익을 가져왔고 영국인들은 그를 애국자요, 위대한 영웅이라고 환호했다.

반면에 리빙스턴은 모든 인간은 하나님 앞에 평등하다는 신념으로 살생과 노예 제도를 반대하며 아프리카 원주민들을 보살폈다. 이런 리빙스턴을 영국인들은 반역자라고 매도하기까지 했다.

200여 년이 지난 지금 세실 로즈를 기억하는 사람은 거의 없다. 그러나 국가의 반역자라는 말까지 들었던 리빙스턴은 영국 국민은 물론 세계인의 추앙을 받고 있다. 또한 리빙스턴의 유해는 웨스트민스터 사원에 안장되었으며 많은 존경을 받고 있다. 사람이 살아가는 데는 방법이 아니라 방향이 중요하지 않을까?

세실 로즈는 황금을 바라보고 모든 것을 얻었다고 믿었지만 리빙스턴은 인간의 가치를 보았다. 그리고 부의 욕망을 뿌리치고 인간의 존엄성을 지켰다.

지금 우리는 눈앞의 이익만 추구하며 살아가고 있지는 않을까?

아름다운 성공에 이르는 최고의 투자는 사람에게 있으며 진정 가치 있고 아름다운 세상은 소중한 사람의 가치를 존중하는 세상이다.

돈이 진정으로 가장 소중한 가치일까요?

한국인만큼 직업 선택에 돈을 중시하는 나라는 없다. 한국의 국력은 성장했지만 인간 가치의 힘은 완전 퇴보했다고 볼 수 있다. 우리는 경제개발 시대의 '잘살아 보세'를 더 발전된 가치로 대체하지 못했다. 오히려 외환 위기를 겪으면서 '잘살아 보세'는 '나와 내 가족만 잘살아 보세'로 퇴행해버렸다.

성공의 기준이 돈으로 획일화되다 보니 심각한 깔때기 현상이 생겼다. 하나의 목적을 향해 달려간 다수가 깔때기란 경쟁의 병목에서 쥐어 짜이고 뒤틀리고 튕겨 나간다. 깔때기를 통과한 사람도 괴롭고 지치기는 매한가지다. 소득이 늘어도 행복하지 않다. 한국인의 자살률이 세계에서 가장 높다. 당연히 사회 갈등 수준도 높다. 이해관계가 얽혀 있는 모든 문제에서 갈등이 일어난다. 그리고 집단으로 뭉쳐 기득권을 방어하려 애쓴다.

이 같은 고갈등·고비용 사회에서는 성장은커녕 현상 유지도 버거워진다. 모든 것을 돈으로 환산하면 가치는 사라진다. 저출산도 우리 사회의 가치관이 반영된 결과다.

예전에는 결혼과 출산은 사람의 가치였기 때문에 비용을 계산해 결정을 내리지 않았다.

선진국의 출산율이 우리보다 높은 근본 이유도 결혼과 출산을 여전히 인간의 가치의 영역에 두고 있기 때문이다.

공동체의 가치가 소중하지 않을까요?

선진국에서는 계산을 따르는 합리성과 계산을 거부하는 가치가 서로의 영역을 지키면서 조화를 이룬다. 그러나 우리는 모든 가치를 돈으로 환원시키는 '합리성의 재앙'에 직면했다. 마음의 힘에서 한국은 아직도 후진국이다. 너와 나를 하나로 연결하는 공동체의 가치를 세워야 한다.

정부는 공동체의 가치를 민족에서 자유로 전환하려 한다.

자유는 인간과 사회의 가장 중요한 가치이다. 그러나 자유는 너와 나를 묶어주지 못한다.

약자에 대한 공감과 타인에 대한 신뢰가 있어야 너와 나 사이의 연대 의식이 형성된다. 그러나 우리 사회의 물질 중심 가치관은 이마저 해체해왔다.

자녀 양육에 있어 가장 중요한 덕목을 묻는 세계가치관 조사에서 한국은 '타인에 대한 관용과 존중'을 택한 비중이 최하위인 나라 중 하나다. 정부부터 신뢰와 공감을 세우기 위해 노력해야 한다. '칼의 정책'으로는 통합의 가치를 만들기 어렵다.

종교가 우리 사회에 어떤 역할을 하고 있나요?

종교는 역할을 다하고 있을까? 종교는 가치관의 뿌리다. 그런데 종교의 가치도 오늘날은 돈의 무게로 평가되고 있지 않을까? 종교가 제대로 존재한다면 물질만능의 시대가 활개를 칠까?

교회는 이미 물질을 중시하는 집단으로 바뀌었다. 나는 5개의 미자립교회를 성원하고 있는데 인구 소멸에 비례하여 교세가 위축되고 있다. 이와 비례하여 대형교회에서는 교인들을 블랙홀처럼 빨아들이는 것을 본다. 교인이 몇 명이냐? 헌금 규모가 얼마냐?로 교회가 평가되기도 한다. 장로와 권사, 집사도 이미 계급화되어 신분을 나타내는 기준이 되었다.

베이직교회의 조정민 목사는 개척하면서 모든 직급을 없애버리고 평신도 중심으로 시작하여 많은 호응을 받고 있기도 하다. 분당우리교회의 이찬수 목사는 이미 크게 성장한 교회를 소규모로 만들어 세상에 파송한다는 소명으로 박수를 받기도 한다. 성경에서의 초대교회 가치를 상실한 여건에서도 변화를 추구하시는 멋진 목회자들이다. 진정한 우리 시대의 선각자들이다. 교회가 바로 선다면 우리 사회도 바로 서지 않을까?

사도 바울은 그리스도인을 "가난한 자 같으나 많은 사람을 부요하게 하는 자"라고 했다. 불교의 유마경에서 유마 거사는 "중생이 아프니 나도 아프다"며 병자와 자신을 동일시했다. 유교의 인(仁)도 사람 사랑이 핵심임을 가르친다.

해방신학은 사랑을 가르치기보다는 칼을, 피를 요구한다.

신앙은 영원의 눈으로 현재를 보고 초월의 관점에서 인생을 보아 돈과 차별되는 가치를 우리에게 가르치면서 정련해 낸다.

이 땅에 '빛과 소금'은 어디로 갔나. 이 시대의 기독교 신자는 누구인가.

유교의 덕목은 어디로 사라졌나. 우리 사회가 신앙인에게 던지는 뼈아픈 질문이다.

신앙을 어떻게 생각하세요?

신앙은 우리 인생에 가장 영향을 미친다고 여겨지는 소중한 가치다. 나는 주일학교에서부터 하나님을 섬긴 기독교인이다. 교인임을 자랑스럽게 생각하고 전도에 힘쓰기도 했다. 잘된 일은 늘 하나님 역사하심으로, 잘 안된 일은 더 좋은 기회 주시려는 하나님 뜻으로 받아들이니 늘 감사함 속에서 살아가고 있다.

군에서는 가는 부대마다 기독장교회(OCU) 총무나 회장 등 선교활동을 열심히 하고 전방 대대장 때는 많은 대대원에게 세례를 받게 하기도 했다. 그러나 지금 우리나라의 기독교는 세속화되고 돈을 중시하는 가치관의 온상이 되고 있지 않나 걱정된다. 큰 교회를 자랑하고 신자 숫자로 교회의 가치를 평가하는 경우도 보았다.

어떤 교회는 장로가 집사를 부하로 여기는 경우도 있었다. 받드는 교인들이 장로 권사 집사 등 계급이 우선 중요한 시대가 되었다. 장로가 되기 위해 치열한 선거를 통해 매표를 하는 것을 많이 보았으며 나는 그런 문화에 혐오감을 가지고 있다. 그래서 장로 등 직급에는 한 번도 관심을 가져 보지 않았다. 신앙이 약해서 그렇다는 충고도 받았지만 평신도 자체가 너무 좋았다.

오늘날 기독교의 소명의식 실종은 '예수 믿으면 죄 사함 받고 천국 간다'는 교리가 아닐까? 아니 나쁜 짓 하고도 회개하지 않는 기독교도들의 자성이 세상에 작은 빛과 소금의 사명을 실천하는 아름다운 교인들의 가치를 훼손하는 안타까움을 보기도 한다.

부끄러운 일이지만 나는 살아오면서 네 번이나 장로라는 직급을 가진 교인으로부터 어려움을 겪었다. 나에게 재정보증을 세우고 부도를 낸 사람도 장로였고, 사업 연결을 조건으로 금전을 차용하고 도망간 사람도 장로였다. 거액의 보안 시스템을 설치하고 보안서비스를 지원받고 몇십억 원의 손해를 끼친 채로 돈을 빼돌리고 부도를 낸 사람도 장로였고, 그리고 나와는 관계 없는 사항이지만 부도를 내고 파산을 한 후 다시 빼돌린 돈으로 다른 사람 이름으로 회사를 설립하여 경영하고 있는 장로들을 여러 차례 보고 있기도 하다. 일부 기독교인들이 기독교의 자정과 참회를 구하는 기도를 드리고 스스로를 겸손하게 돌아볼 필요가 있다.

물론 평소 내가 좋아하고 존경하는 이필섭, 이준, 조현형, 이범석, 권병철 장로처럼 기독교인의 귀감이 되는 분들도 많지만 한국 사회가 물질 숭상의 가치관으로 변해가는 기저에 기독교에도 일부 책임이 있지 않을까 여기고 있다. 젊은 여러분은 바른 신앙을 가지고 직급에 연연하지 말고 평신도로서 하나님 기뻐하시는 일이 무엇일까 약한 이웃에 사랑도 나누고 기회 되면 장애 시설이나 보육 시설에 정기적으로 봉사도 하면서 인생을 살아간다면 그 자체가 축복이 되는 신앙이며 하나님이 기뻐하시는 일을 하게 되고 신앙이 주는 힘의 원천을 느낄 것이다.

좋은 가치관을 실천하는 청년들의 사례가 있을까요?

인터넷이 생소한 시니어들에게 비서 역할을 해 주는 똑비라는 사회적기업을 운영하는 함동수 대표, 송인영 이사가 있다. '똑비'는 똑똑한 비서라는 줄임말이다.

이제 '똑비'라는 앱을 통하여 너무 편리하고 유익한 서비스를 제공한다. 회원으로 등록하면 기차표를 구하거나 공연예매, 물건 구입, 좋은 식당을 찾아서 예약을 해주거나 우리가 필요로 하는 모든 일을 비서처럼 즉시 해주고 있다.

여행도 언제 어디든 가고 싶은 곳을 예약해주고 안내까지 거의 실비로 제공하여 디지털이 취약한 노인층에 활력을 주고 있다. 나의 멘티들인 두 대표는 대학원에서 함께 공부하며 의기 상통한 밝고 헌신적인 청년들로 창업 당시부터 따뜻한 성원을 하고 있다.

장영화 대표는 변호사이다. 로펌에 근무하다가 나만이 할 수 있는 가치 있는 일을 찾아 앙뜨십스쿨과 조인스타트업을 운영하고 있다. 앙뜨십스쿨을 통하여 10만여 명의 청소년, 교사, 학부모에게 스타트업 세상을 알리고 조인스타트업을 통해 730여 명의 스타트업 커리어를 피보팅한 경험을 바탕으로 나에게 맞는 일을 찾는 사람들의 성장과 성공을 돕고 있다. 손자 백중이가 앙뜨십스쿨 처음 학생이기도 하며 우리 사회에 생기를 불어 넣어주고 싶어 하는 열정에 경의를 보내고 있다.

박수왕 대표는 소셜네트워크를 경영하고 있다. 그는 "하루하루 성취감을 느끼는 것이 즐겁기 때문에 돈을 버는 것은 아직 중요하지 않다"며 "머릿속으로 그렸던 생각을 행동으로 옮기는 것만으로도 가치 있고 소중한 일"이라고 한다.

창업 동료 5명은 같은 꿈을 꾸고 있다고 말한다.

'톡톡 튀는 아이디어'로 대학생을 위한 애플리케이션 '원캠퍼스(구 아이러브캠퍼스)'도 국내에는 처음 선보인 서비스다. 원캠퍼스는 국내 모든 대학교 정보가 들어있는 앱으로, 찾고자 하는 대학을 선택하면 도서관 열람실 좌석 조회는 물론이고 교통 정보와 맛집 정보 등도 볼 수 있다.

16년 전 정보사령부에서 '열정을 즐기자'라는 제목의 나의 특강을 듣고 새로운 도전을 계획하였다고 한다. 그는 『세상의 모든 것을 군대에서 배웠다』라는 책을 내서 50만 권이 넘게 팔리고 인세를 자본금으로 하여 회사를 창업하였다고 한다. 변화무쌍한 그의 도전을 성원하고 있다.

좋은 가치관을 갖게 하기 위한
학교의 사례가 있을까요?

영국에는 최고의 명문 학교로 이튼 칼리지(Eton College)가 있다. 이 학교는 600년 전에 세워진 학교이며 19명의 총리를 비롯한 훌륭한 사람들을 많이 배출했다.

이 학교는 자신만을 아는 엘리트는 원하지 않는다.

주변을 위하고 나라나 사회가 어려울 때 제일 먼저 달려가 선두에 설 줄 아는 사람을 원한다. 그들은 입학할 때부터 나라를 이끌어 갈 사람이라는 자부심을 가자고 있다.

1, 2차 세계대전에서 이 학교 출신이 무려 2,000여 명이 전사했다. 공부도 중요하지만 자긍심과 국가관 특히 사명감을 강조하지만 그것이 엄청난 학습 효과를 가져다 주는 것으로 평가하고 있다.

그들의 교훈은 우리 청년들에게 어떻게 비추어질까?

1. 남의 약점을 이용하지 말라
2. 비굴한 사람이 되지 말라
3. 약자를 깔보지 말라
4. 항상 상대방을 배려하라
5. 잘난 체하지 말라
6. 공적인 일에는 용기 있게 나서라

그들의 마음에는 약자와 국민, 그리고 국가를 위한 정성을 높이 받드는 가치관을 볼 수 있다. 우리도 본받으면 어떨까?

훌륭한 선현들이 주신 교훈이 있을까요?

인도의 수도 뉴델리에 간디의 화장터인 '라즈가트'라는 곳이 있다. 그 곳 추모공원 기념석에는 간디가 말한 사회를 병들게 하는 일곱 가지 악덕(7 Blunders of the world)이 새겨져 있다고 한다. 간디가 손자 아룬 간디에게 남긴 글이다.

1. Politics without Principle. "철학 없는 정치다."
정치가 무엇인지도 누구를 위한 것인지도 생각하지 않고 그저 권력욕, 정권욕에 사로 잡혀 통치한다면 국민은 불행하다.

2. Commerce without Morality. "도덕 없는 경제다."
경제는 모두가 다함께 잘살자는 가치가 깔려 있어야 한다. 거래를 통해 손해를 보아 피눈 물 나는 사람들이 생겨서는 안 된다. 있는 자의 무한 탐욕은 억제돼야 한다.

3. Wealth without Work. "노동 없는 부(富)다."
이를 불로소득이라고 한다. 열심히 일해 소득을 얻는 이들의 근로 의욕을 말살시키고 노동 가치를 떨어뜨리는 부의 창출이 방임 되어서는 안 된다.

4. Knowledge without Character. "인격 없는 지식이다."
교육이 오로지 실력 위주로만 집중될 때 싸가지 없는 인간들이 양산된다. 교육은 난 사람 이전에 된 사람을 키워야 한다. 인격 없는 교육은 사회적 흉기를 양산하는 것만큼 위태롭다.

5. Science without Humanity. "인간성 없는 과학이다."
자연환경에 대한 무분별한 개발과 몰 인간적 과학 기술은 인류를 결국 파멸의 길로 인도할 위험이 크다.

6. Pleasure without Conscience. "윤리 없는 쾌락이다."
삶의 즐거움은 행복의 기본 선물이다. 하지만 자신의 행복만을 위해 쫓는 무분별한 쾌락은 타인에게 혐오와 수치를 준다.

7. Worship without Sacrifice. "헌신 없는 종교다."
종교는 타인을 위한 헌신과 희생, 배려와 봉사를 가르친다. 인간으로서 최고의 가치다. 하지만 종교에 헌신이 빠지면, 도그마가 되고 또 하나의 폭력이 된다. 순결한 영혼에 대한 폭력이다.

일곱 가지 중 어느 하나 경계하지 않을 것이 없다. 분야별 지도자들은 깊은 성찰을 통해 조심 또 조심해야 한다.

이후 아룬 간디는 이 리스트에 '책임 없는 권리(Rights without Responsibilities)'를 추가했으며, '노동 없는 부'와 '양심 없는 쾌락'은 상호 연관적이라고 했다.

간명한 글귀는 영혼을 울린다. 우리가 참고하여 실천한다면 우리의 국격이 높아질 것이다. 좋은 가치관은 하루아침에 만들어질 수 없다. 우리 사회가 이루는 오랜 관습과 전통이 어우러진 결과의 산물이다. 이제 우리가 힘을 합하여 좋은 가치관을 만들고 품격 높은 사회를 만드는 비범한 노력을 해야 한다.

9

소중한 사회, 행복한 나라로

가는 비결은?

방앗간집 아들, 양조장집 딸이 부러웠던 시절이 있었다.
모두가 힘든 삶을 살았지만 순응하고 행복했었다.
배고프냐 아니냐가 부자 기준을 결정하던 세월이 있었고
경제 개발 시대를 지나오면서 경쟁이 치열해지고
돈을 중시하며 증권과 부동산이 치부의 수단이 되었다.
살기 좋아졌을까?
땀 흘려 일하는 노동자들이 자신의 급여만으로
집을 구입하고 생활 터전을 마련할 수 없는 현실에서
젊은이들이 결혼도 하고 아이를 낳으려고 할까?
공교육만으로 실력 있는 아이로 키울 수 있을까?
사회 문제가 복잡해진 현실을 돌아보고
행복한 나라로 만들어야하는 명제를 안게 되었다.

우리 역사를 되돌아본다면?

역사를 반추해보면 소수의 양반들의 착취가 심했고 백성들의 대다수는 천민이나 노비로 살아온 우리 선조들이었다. 양반들은 군역을 면하고 천민이나 노비가 군역을 수행했다. 군역비를 갖다 바친 평민들이나 노비들은 군역을 면하여 지금의 국방 의무는 가장 하층 백성들이 담당했다. 외침이 있을 때 왕이나 양반들은 도망가기 바쁘고 가난하고 힘없는 백성들이 의병을 일으켜 나라를 지킨 조선이라는 나라. 놀고먹으면서 상공인이나 머슴 등 하인들을 부려먹으며 경멸했던 양반들은 국가에 대한 책임과 의무를 방기하고 있었다.

온 천지가 임금이 주인인 나라가 조선이었다. 임금은 마음대로 왕족 양반들에게 땅을 나눠주고 대부분의 서민들은 소작농이었다. 지금도 나라를 팔아먹은 매국노의 자손들이 땅을 찾는 일을 열심히 하고 있기도 하다. 우리가 해방되고 농지 개혁 정책으로 작은 땅이라도 배당받은 농민들이 6.25 전쟁으로 공산군이 밀려 내려왔을 때 호응하지 않고 사유재산을 지킬 수 있었다는 자체가 기적이 아니었을까?

조선은 어떤 나라였을까요?

고인이 된 조익순(전 고려대 경영대학장)이 쓴 『내가 들여다 본 조선조 500년의 요지경』이라는 책이 있다.

'조선은 출발부터가 독립 국가가 아니라 중국의 제후국으로 출발하였다. 이성계가 반란을 일으켜 조선을 세운 명분도 고려가 천명을 어기고 중국의 명나라를 침범(고려의 요동 정벌)하려고 했기 때문이었다.

또, 이방원이 정도전을 죽인 이유에는 정도전 등이 요동정벌을 계획했기 때문인 이유도 있었다.

중국의 주변에는 베트남 등 많은 제후국이 있었으나 유독 조선만이 중국에 대한 사대가 지극했었다. 심지어 조선은 성리학과 중국 문물을 종주국인 중국보다 더 숭상했다. 조선의 양반들은 마땅히 해야 할 생산적인 일이나 국방의 의무 등은 일체 하지 않으면서 자기들의 의식주와 오락, 의료 등 먹고 즐기는 것은 노비와 평민들로부터 착취, 공급받으며 살았다.'

고난과 궁핍, 전쟁에서
패전의 역사를 기억해야 한다.

『역사의 연구』를 집필해서 순식간에 세계의 지식인으로 평가받은 아놀드 토인비는 역사를 연구해보면 민족의 유형이 크게 세 가지 있다고 주장했다.

민족의 유형(類型) 3가지
첫 번째는 재난(災難)을 당하고도 대비하지 않는 민족,
두 번째는 재난을 당해야만 준비(準備)하는 민족,
세 번째는 재난을 당하지 않고도 미리 대비(對備)하는 민족

대한민국은 어디에 해당될 것인가? 여러분이 스스로 자문(諮問)해보기 바란다.

『징비록(懲毖錄)』은 임진왜란이 끝난 후 조선 선조 때 영의정과 전쟁 수행의 총 책임자를 지낸 유성룡(柳成龍)(1542~1607)이 집필한 임진왜란 전란사(戰亂史)로서, 1592년(선조 25)부터 1598년까지 7년에 걸친 전란의 원인, 전황 등을 기록한 책이다.

『징비록』에서 유성룡은 수많은 인명(人命)을 앗아가고 비옥한 강토(疆土)를 피폐하게 만든 참혹했던 전화(戰禍)를 회고하면서, 다시는 같은 전란을 겪지 않도록 조정의 여러 실책들을 반성하고 앞날을 대비하기 위해 저술하게 되었다고 밝혔다.

온 산천(山川)이 피로 물들고, 계곡마다 하얀 시체가 산더미처럼 쌓였고, 시체 썩은 물과 핏물이 계곡을 흐르고, 사람이 사람을 잡아먹는 그 참혹한 전란이 다시는 조선에서 반복해 일어나지

않도록 경계하라고 피를 토하는 심정으로 썼다.

　이렇게 목적 의식을 가지고 전쟁의 최고 책임자가 집필하여 썼지만 정말 아이러니하게도 이 책은 조선에서 편찬되지 못하고 1695년(숙종 21) 침략국 일본(日本)에서 편찬되었다는 것 또한 슬픈 일 중의 하나다. 17세기에 대마도(對馬島)에서 먼저 읽히고 있는 것을 발견한 것이다.

　어느 역사학자가 조선의 역사가 5,000년이라고 하나 그동안 조선이 외침(外侵)을 받은 횟수는 무려 931번이라고 한다.

　평균으로 5.3년마다 한 번씩 외침을 받았다는 결론이다. 조선은 왜 이렇게 외침을 많이 받았을까? 참으로 불행한 역사를 가지고 있다. 그 이유는 무엇일까?

　토인비가 말한 첫 번째 민족 유형이기 때문이다.

　재난을 당하고도 대비하지 않는 민족이다.

　참혹한 임진왜란이 끝나고 38년 후 조선은 또 다른 치욕의 참혹한 전란에 휩싸이게 되었다. 강산이 초토화되었던, 1636년(인조14) 병자호란(丙子胡亂)이다.

　징비록에서 그렇게 미리 준비하고, 준비해서 또 그런 비극이 없도록 경계해야 한다고 주장했는데도 준비하고 대비하지 못한 지도자와 리더들의 무능(無能)과 무기력(無氣力)을 통탄하지 않을 수 없다. 그로부터 한참 뒤에는 아예 나라가 통째로 없어졌다. 그래서 우리는 참혹한 비극의 긴 역사를 가지고 있다.

암울했던 시절의 가슴 아픈 대화가 있었다.
마음이 뭉클해지는 대화

"윤 동지, 우리 지하에서 만납시다."

가슴속에 피눈물이 고인다. 택시를 타고 가다가 멈춰선 매헌, 망부석처럼 손을 들고 서 있는 백범, 삼라만상이 침묵 속에 잠긴다.

"선생님, 저와 시계 바꾸시죠. 저는 좋은 시계 필요치 않습니다. 선생님의 낡은 시계를 볼 때마다 마음이 아팠습니다. 저에겐 선생님의 따뜻한 온기가 더 필요합니다. 어서 제 시계를 받으시고 선생님의 낡은 시계는 절 주십시오."

매헌은 상해 홍구공원으로 떠났다. 약관 24년 6개월의 생애를 조국을 위해 목숨을 바쳤다. 죽는 순간까지 당당했던 그 의기는 광복의 횃불이 되어 무지개빛으로 타올랐고 조국은 광복의 새 아침을 맞았다. 지금 청년들이 이 기개를 지니고 나라를 위하여 죽을 수 있을까?

백범과 매헌이 나눈 이 대화는 읽을 때마다 가슴이 메인다.

오늘의 우리는 순국선열들, 애국 용사, 산업 역군들의 피와 땀과 눈물을 잊지 말고 조국 대한민국을 사랑해야 한다.

나라 찾기 위한 처절한 몸부림이 있었다.

일제 치하 조선에서 굶주리다가 미국의 농장으로 이주하여 사탕수수밭에서 일하고 있는 동포 농민들에게 안창호 선생이 찾아다니며 나라의 독립을 위하여 돈이 필요하다고 설득하여 땀을 뻘뻘 흘리며 한푼 두푼 모은 돈을 전대에 차고 중국 상해로 와서 한 허름한 건물을 임대하여 세운 대한민국 임시정부였다.

이승만을 임정 대통령으로 옹립하고 내각 구성을 하면서 자신은 직책을 사양하였다. 합심을 이루려고 보이지 않게 헌신하고 싶은 도산이었다.

그는 독립운동가였고 교육 선각자였다.

"우리가 해야 할 일은 민족을 깨우치는 일이다. 민족 의식을 강조하며 젊은이들이 나라의 미래를 책임질 수 있도록 해야 한다 진정한 애국자는 말로만 하지 않고 행동으로 보여줘야 한다."

그는 행동을 중요시했다. 단순히 말로만 애국을 외치는 것이 아니라, 실제로 행동으로 보여주는 것이 중요하다는 것이다. 자기를 이기지 못하는 사람은 남을 지도할 수 없다. 자기 자신을 먼저 잘 다스리고, 자기계발을 통해 성숙한 사람이 되어야 다른 사람을 이끌 수 있다고 외쳤다.

나라의 독립은 한 사람의 힘으로 이루어질 수 없다. 우리 모두가 힘을 합쳐야 한다. 그는 협력과 단결의 중요성을 강조했다. 독립은 개인의 힘만으로는 불가능하고, 모두가 힘을 합쳐야 이룰 수 있다는 것을 강조했다.

"우리의 삶은 우리 자신이 만드는 것이다. 스스로의 힘을 믿고, 끊임없이 노력하라."

젊은이들이 자신감을 가지고, 자신의 힘을 믿고 끊임없이 노력해야 한다는 메시지를 담고 있다. 독립을 보지도 못하고 순국한 도산 안창호, 그의 정신은 우리가 잘 이어가야 하지 않을까?

온 가족이 나선 독립운동의 처절한 행로도 있었다

우당 이회영 선생 일가를 아는가. 일본에 나라를 빼앗기자 6형제 전원과 그 일가족 50명을 이끌고 만주 땅으로 망명을 결행한 분이다. 목적은 오로지 전 재산을 처분한 군자금으로 항일 무장 투쟁 운동을 하여 독립을 이루기 위해서였다.

'목적을 달성하지 못하여도 목적을 달성하기 위하여 노력하다가 죽는다면 이 또한 행복이 아닌가?' 하는 마음 하나로 재산과 인생 모두를 조국의 독립 하나만을 위해서 여한 없이 바친 거룩한 삶이었다.

서릿발같이 매섭고 일송정 푸른 솔처럼 변치 않는 자주독립운동의 기개를 세운 때가 서른 살 청년 때였다. 이회영 선생은 물었다. "한 번의 젊음을 어찌할 것인가." 예순여섯의 나이로 옥사하기까지의 삶으로 선생은 자신의 물음에 답했다. 몇 대가 누릴 수 있는 어마어마한 재산을 다 바쳐 칼바람 에는 압록강의 물살을 가르며 국경의 밤을 그렇게 넘었다.

만주 땅에서 신흥무관학교의 전신인 신흥강습소를 개소하였고, 1912년에는 '합니하'로 이전하여 본격적인 무관학교 교육을 시작한다. 신흥무관학교는 1920년 폐교할 때까지 독립군 간부 3,500여 명을 양성하는 성과를 이루고 홍범도의 봉오동 전투와 김좌진의 청산리 전투의 핵심 전투력이 되었다. 또한 독립 전쟁을 주도하였을 뿐만 아니라 광복군을 창설하는 밑거름이 된다.

그 동생 이시영이 해방되어 신흥무관학교의 정신을 이어가도록 신흥대학을 세웠는데 서울고 선생이면서 재단이사였던 조영식이 6.25 전쟁 전후하여 연고가 약해진 틈을 타서 자기 사람으로 이사진을 바꾸고 경희대학으로 개명하고 설립자처럼 된 경우는 무엇일까? 우당 이회영 선생 일가에 머리 숙여 존경을 드린다. 진정한 항일 독립투사이며 위대한 선각자들을 우리는 잊어서는 안 된다.

분단된 강토에 세운 대한민국 정부는 무슨 전쟁 대비를 하였을까요?

"북한이 공격한다면 어떤 대비책이 있나요?"

"걱정하지 마십시오. 우리는 북한군이 쳐들어온다면 즉각 반격하여 아침은 해주에서 먹고 점심은 평양에서, 저녁식사는 신의주에서 먹을 것입니다."

1950년, 한국 국회에서의 국회의원과 국방장관의 질의응답이었다. 전사를 중심으로 반추해보면 그 당시 정부는 국방에 전혀 무능하였다. 국토 방위 계획이나 있었을까? 훈련도 안하고 아무 대비도 없이 군 영내에서 유행하기 시작한 댄스파티나 즐기고 있었다.

북한은 6월 초부터 은밀하게 병력이나 장비, 화력을 휴전선 근처에 이동시키고 있었다는데 전혀 주의나 대비도 아니 하고 하루 전에는 6사단(김종오 사단장)을 제외하고는 거의 모든 부대가 단체휴가나 외출외박을 허용했다.

국방장관은 독립운동을 하신 분이었지만 군의 인력 운용이나 전략 전술을 전혀 모르는 해기사 출신이었고 육군참모총장은 전투 경험도 없는 일본군 병기 장교 출신이었다.

김종오 사단장은 전방 움직임이 이상하여 전 병력을 대기시키고 전쟁에 대비하였는데 유일하게 춘천 지역에서 4일간 방어에 성공하고 후퇴하였다. 무책임한 정부, 무능한 군 지휘부가 나라의 위기를 자초하고 큰 전란으로 수백만 명의 국민들을 전쟁의 참화 속에 죽고 다치게 했다.

우방 16개국이 자유를 지키기 위하여 참전하였다.

"전혀 알지도 못한 나라, 한 번도 만난 적이 없는 국민을 지키라는 부름에 응했던 그 아들딸들에게 경의를 표합니다." 전쟁기념관 외국인 전사자 명단위에 써있는 문구이다.

미군은 1950년 7월 1일 한국에 첫발을 디딘 이후 3년 1개월간 전쟁을 치루면서, 전사자 54,246명을 비롯하여 실종자 8,177명,

포로 7,140명, 부상자 103,284명 등 172,800여 명이 희생되었다.

국군 희생자가 645,000명에 비해 무려 27%나 된다. 이처럼 많은 미군이 한국 땅에서 희생된 것이다.

특히 우리를 감동시킨 것은 미국 장군의 아들이 142명이나 참전하여 그 중에 35명이 전사했다는 사실이다. 그 중에는 대통령의 아들도 있었고, 장관의 가족도, 미8군사령관의 아들도 포함되어 있다는 점에서 우리를 부끄럽게 만든다.

아이젠하워 대통령의 아들 존 아이젠하워 중위는 1952년 미3사단의 중대장으로 참전하였다.

또 미8군사령관 월튼 워커 중장의 아들 샘 워커 중위는 미 제24사단 중대장으로 참전하여 부자가 모두 6.25 전쟁에 헌신한 참전 가족이다.

워커 장군이 1950년 12월 23일 의정부에서 차량 사고로 순직하고 아버지 시신을 운구한 자가 아들이었으며, 아버지를 잃은 뒤에도 아들은 1977년 미국 육군 대장이 되어 자유의 불사신이 되었다.

노르망디 상륙작전에 참전했었던 벤 플리트 장군도 한국전에 참전하여 사단장, 군단장, 8군사령관까지 오른 인물이다.

그의 아들 지미 벤 플리트 2세도 6.25 전쟁에 지원하여 B-52 폭격기 조종사가 되었다. 그러나 지미 대위는 1952년 4월 4일 새벽 전폭기를 몰고 평남 순천 지역에서 야간 출격 공중 전투 중 중공군의 대공포에 전사했다.

지미 대위가 처음 참전을 결심했을 때 어머니에게 보낸 편지는 우리의 심금을 울렸다.

어머니!

아버지는 자유를 지키기 위해 한국전선에서 싸우고 계십니다.

이제 저도 힘을 보탤 시간이 온 것 같습니다.

어머니! 저를 위해 기도하지 마시고, 함께 싸우는 전우들을 위해 기도해주십시오.

자유를 지키기 위해 이름도 모르는 나라를 위해 아낌없이 목숨을 바쳐준 그들이 있었다는 것을 기억한다면 어떨까? 미국 외에도 15개국이 참전하여 자유를 지켜냈다. 38개국이 군수 물자와 의료 장비를 지원하였다.

우리나라의 고위 관리나 국회의원들의 자제 누구도 전쟁에 참전하거나 전사한 사람이 있었다는 기록은 없었다.

젊은 여러분이 누리고 있는 자유의 가치를 누구에게 감사해야 할까? 우리는 전쟁의 참화를 딛고 성장한 오늘의 풍요를 더 건전하고 행복한 나라로 만드는 노력을 해야 한다.

6.25 전쟁을 어떻게 겪으셨나요?

광주에 있는 서석초등학교 5학년 때였다. 아버지는 철도역에 근무하는 철도 공무원이었는데 가족들 때문에 부산으로 피란을 못가고 광주 근교 효천역에서 남게 되었다. 북한군이 지역을 점령하고 머슴들이나 농민들을 앞장세워서 인민위원회를 조직하고 인민재판을 열어 동네 지주들이나 유지들을 붙잡아다가 죽창을 들고 위협하는 것을 보았다. 어머니에 이끌려 그날 밤 깊은 산속 친척집에 피란을 갔다. 두 달 있다 나와 보니 학교를 국군이 수복하여 20연대가 주둔해 있었고 군가를 열심히 부르며 지낸 기억이 있다.

피란을 가지 못한 공무원들에 대한 부역 여부 심사가 있었는데 아버지는 적극 협력하지 않았다는 사실이 입증되어 파면을 면하고 좌천되어 현직에 근무하는 행운이 있었다.

나라 전체가 큰 비극을 겪고 온 산하는 초토화되어 굶어 죽는 사람이 많았다. 우리 아버지는 주기 좋아하는 성품이어서 우리 가족에게 나오는 월급이나 배급 쌀을 굶는 사람들에게 나누어 주어서 우리 형제들도 많이 굶고 지냈다. 성장기 10년 동안 영양실조로 키가 크지 않아 장교 시험에 겨우 합격할 수 있었다.

지금 우리의 현실은 어떨까요?

우리는 유구한 단일 민족으로 오랜 역사를 가지고 있다. 나라가 망하고 일제의 강점으로부터 해방되었으나 강대국들에 의해 남북으로 분단되었다. 6.25 전쟁을 치루고 수백만 명의 국민들이 죽고 다치고 이산되었다. 불행한 전쟁을 치르고도 아직 전쟁 휴전 상태에 있다.

세계에서 유일한 분단국가로 남아있다. 언제 전쟁이 일어날지 알 수 없는 여건에서 북한은 핵무기와 미사일을 개발하고 수시로 발사하고 언제든 일전불사 태세의 위협을 가하고 있다. 내가 최전방에서 대대장 당시에 연대장으로 모시고 근무한 임동원 전 통일부 장관은 김대중 정부에서 남북 화해 협력을 위하여 많은 노력을 하고 6.15공동선언을 기안하고 심혈을 기울여 평화 체제 구축을 추진하였지만 전쟁 상황까지 갈지 모르는 현실을 무척 안타까워하고 있다.

보수적인 안보관을 갖는 분들로부터 '북한에 퍼주기 했다'는 불편한 시선을 받고 있기도 하다. 대대장으로 함께 근무한 김동 진 전 국방부 장관은 우월한 전쟁 준비 외에 대안이 없다는 주장 을 펼치고 있다. "평화를 얻으려고 하면 전쟁을 준비하라"는 지 론을 가지고 있다.

나는 두 분을 50여 년 전부터 지금까지 가깝게 지내고 사숙하 고 있다. 누가 애국자인가? 하고 나에게 묻는 경우가 있다. 나는 담백하게 대답한다.

두 분 다 진정한 애국자이다. 모두 다 자유민주주의자이며 시 장 경제를 사랑하는 분들이고 분단된 조국을 위하여 늘 기도하 고 평화 통일을 간절히 원하는 분들이다.

다만 전쟁 없이 평화롭게 나라가 번영하고 국민들이 행복하게 살아야 한다는 일념은 같지만 실행 방법에서 상반된다. 우리 민 족의 비극을 함께 표출하고 있기도 하다.

희망찬 사회, 행복한 나라로 만드는
첩경은 무엇일까요?

　젊은 리더를 찾아내서 우리가 성원해야 한다. 정치, 사회, 문화 등 각 분야에서 참신하고 정직하고 바른 지도자들을 만들어야 한다. 이 책을 읽는 누구든 올바른 가치관을 가지고 열정을 지닌 추진력으로 나라를 개혁하겠다는 사람을 찾아서 성원해야 한다.

　그리고 지금 우리가 안고 있는 문제들, 외교 안보 문제, 양극화로 상징되는 사회 갈등 문제, 저출산으로 나타나는 주택, 육아, 부동산 문제, 능률적이지 못한 행정구역 개편 문제, 공교육보다는 과외에 의존하는 교육 시스템 문제, 노사 갈등을 잘 해소하고 화합시켜 경영자나 노동자가 함께 잘 살아야 하는 문제, 노인인구가 급격히 늘어나는 데에 따른 건강이나 복지 문제, 특히 정치권이 저질의 싸움을 멈추고 국민들을 어떻게 행복하게 할 수 있을지 지혜를 모아서 훌륭하게 개선시키는 문제까지 잘 조화시킬 수 있는 리더를 만들어야한다.

정치권에 조언한다면 어떤 의견이신가요?

　지금은 AI가 세상을 지배하는 4차 산업혁명의 시대가 성큼 다가오고 있다.

　정말 예측할 수 없는 시대를 살고 있다. 오늘 준비하는 것에 의해 바로 미래가 결정된다. 미래를 준비하는 것은 미래가 아니고 현재다. 지금의 정치, 사회, 교육 지도자로는 희망이 없다고 본다. 이제 어느 누가 미래를 말하고 준비하며 비젼을 제시하는 정치 지도자일까? 아직은 없다. 말로만 떠들고 있을 뿐이다.

여야 모두 정쟁에 매달려 자기 당파의 이익, 정권 쟁취에 모든 역량을 쏟으면서 자기 이익과 명예에 집착하고 있는 정상배들이 있다. 국가 부채, 기업 부채, 가계 부채가 지속적으로 증가하고 있고 꼭 해야 할 노동의 유연성을 확보하기 위한 노동 개혁, 얼마 지나면 고갈이 우려되는 연금 개혁, 로봇이나 인공지능을 활용하여 의료 서비스를 받게 되는 여건에서 의사의 숫자보다는 지방과 필수 분야의 의료 혜택이 절실한 의료 개혁, 소득에 비하여 턱없이 높은 집값으로 인하여 부모로부터 도움을 받지 못하는 청년들에 대한 주거 문제 등 중요한 미래 대비를 방치하면서 청년 세대가 짊어질 큰 부채에 대하여는 아무 노력도 하지 않는 정치 지도자들을 본다. 우리 희망은 이제 젊은 지도자의 육성과 성원이 절실하며 양극화가 심화되어지는 상태로 미래는 이미 와 있다.

지도자의 좋은 사례가 있을까요?

스웨덴 명총리 엘란데르(Tage Erlander, 1901~1985) 이야기를 들려주고 싶다.

집권 당시 지금 한국처럼 정치권 갈등, 노사 대립, 극도의 이기

주의가 팽배하였으며 재임 중 11번의 선거를 모두 승리하고 23여 년을 장기 집권하였으며 마지막 선거에서는 70%의 지지를 받았으나 과감하게 후배들에게 물려주고 은퇴한 정치가이다.

그는 청년 시절 급진주의 활동을 한 좌파 정치인이었으나 취임 후 그의 행보는 우려와 달리 합리적이고 진취적이었다.

야당 인사를 내각에 참여시키고 경영자와 노조 대표와 함께 3자 협의로 노사 문제를 해결하였으며 매주 목요일 스톡홀름에서 2시간 거리인 총리 별장에 정·재계, 노조 인사를 초대해 대화하며 문제를 적극적으로 해결해 나갔다.

국회의원, 지방의원, 경총, 노총 대표 등 모두 함께 문제가 되는 현안은 항상 상대의 의견을 경청하고 문제 해결을 위해 노력하는 진정성으로 공감을 얻었다. 임금격차를 해소하기 위하여 국가 기관 대기업에 자제를 호소하며 중소기업의 임금 수준을 높이도록 독려하고 조정하여 결국은 큰 차이 없는 구조로 변화시키기도 했다. 사회복지망을 튼튼히 하기 위하여 세금 및 연금 개혁을 추진하여 고임금자는 세금을 더 많이 내도록 하였는데 세금을 많이 내는 것을 자랑스럽게 여기는 부자들로 변화시키는 사회를 만들었다.

그는 무엇보다도 검소한 삶을 모범으로 보여 주었는데 퇴임 후 임대주택으로 들어가서 살게 되었다. 그후 당원들이 모금하여 2시간 거리 시골집을 마련하여 주었으며 죽기 전 16년 동안 총리 시절보다 반대편에 있던 사람들이 더 많이 찾아오는 정치 발전의 용광로를 만들었다.

갈등이 심했던 스웨덴을 세계 최고의 행복한 나라로 이끌어간 그의 리더십을 어떻게 평가해야 할까? 자유민주주의와 시장경제

체제에 맞지 않는다고 여길까? 분단된 민족의 한편에서는 군사 위협을 가하고 핵으로 무장하고 있는 여건에서 사회 안전망을 튼튼히 하는 일이 참된 국방의 요건이 아닐까? 심각하게 숙고할 필요가 있다.

내가 기도하고 성원하는 젊은 지도자들이 성장하고 있으므로 우리의 희망은 현실로 이루어진다고 믿는다.

정치 참여 기회는 없었나요? 어떤 노력을 하셨어요?

가족 부양이 최우선이어서 우리 사회에 대한 관심은 늘 가지고 있었지만 정치 참여는 생각할 여지가 없었다. 정치권의 후진성을 비판하는 정도였다. 서강대 AMP를 함께 나온 그 당시 유력한 정치인이 후원 요청과 참여를 제안하였고 거절한 일이 있다.

그는 대안으로 막내 아들 산을 천거하면 어떨까? 제안을 하여서 아들의 의사를 물어본 일이 있다. '그쪽에 관심이 없습니다.' 한마디로 거절하여 전달하였으나 그는 조건이 좋다고 적극 권유하였다. 명문대 운동권에서 학생회장을 했고 형사재판을 받았고 영국에 유학하여 국제관계학 학위를 했고 세계적인 컨설팅 회사에서 컨설턴트로 일했고 벤처 회사에서 대표를 하고 있으니 적격이라고 했다.

그때 기준이 적합했을지 모르나 운동권들이 정치에 참여하여 우리 정치를 생활 정치가 아닌 이념 정치로 이끌어 온 일 외에 그들이 무슨 혁신을 하였을까? 나라를 위하여 어떤 기여를 하였을까? 민주화를 하였다고? 4.19 세대도 있었다. 그때는 먹고사는 게 산업화였고 민주화였다.

나는 정치에는 철저히 외면하다가 이번 22대 총선에 젊은 멘티 김재섭의 후원회장으로 참여하였다. 그는 젊고 나라 발전과 사회 개혁의 포부를 가지고 있어서 미래가 기대되는 차세대 리더가 되리라 믿는다. 언젠가 국가를 이끌어 갈 리더가 되리라 여기고 있다. 소명의식과 지역 발전, 나라 융성에 대한 열정이 대단한 젊은 정치인이다.

내가 만나본 유권자는 모두 세 종류로 거의 각 각 30% 내외였다. 누가 더 중도층을 끌어들이느냐의 싸움이었는데 무조건 여당을 지지하고 성원하는 사람들과 무조건 야당을 지지하는 사람들이 있었다. 그리고 무조건 싫어하는 사람들도 많았다.

이번 선거는 얼마나 더 싫어하느냐의 대결이 아니었을까? 그들은 상대방이 아무리 좋은 정책이나 인품이 훌륭하여도 반대하며 묻지도 않고 특정 정당을 지지하는 유권자로 구분되어 있었다. 그리고 후보의 인품, 가치관, 나라와 지역 발전을 위한 포부나 열정을 판단 비교하여 선택하는 경우는 적은 비율로 보였다. 그리고 정당을 선택할 때 최선의 정당이 아닌 차악의 정당을 선택하는 경향을 보여 안타까운 마음이 들었다.

사회 변화를 위하여 사회단체나 정당에 참여해야 할까요?

우리도 정치나 사회 문제에 외면하지 말고 관심을 가지고 평소에도 성원하고 잘못하면 질타해 가며 참여민주주의가 꽃피울 수 있어야 하지 않을까?

유럽이나 선진국들은 학생이나 직장인이나 젊은 시절부터 정당이나 사회단체에 참여하여 훈련받고 성장하면서 올바른 정치, 경제, 사회 개혁을 주도한다는 데 우리는 아예 운동권 출신이나 특정한 사람만이 정당에 가입하는 것으로 알고 있는데 정치 선진국의 사례들을 참고하여 적극 참여하여 정치 수준을 높여야 하지 않을까?

선거 때마다 자기 주관 없이 지지하고 난 후 저질의 지도자를 선택하고 손가락 자르겠다고 후회해야 할까? 이제 고리를 끊고 공정하고 바른 미래로 가야하지 않을까? 정당도 자신의 정책을 찬성하도록 정당 내에 학교도 만들고 펼치고자 하는 정책이나 시정 방향을 설득하면 어떨까?

내가 기도하고 성원하는 젊은 지도자들이 성장하고 있으므로 우리의 희망은 현실로 이루어진다고 믿는다.

그럼 젊은이들은 어떤 태도로 정당이나 사회단체에 참여해야 할까요?

이제 젊은 여러분은 사회 문제, 경제 문제, 복지 문제 등 피부에 와 닿는 정책이나 추진 사항에 공부도 하고 연구모임에 참여하여 적극적으로 의사를 표시해야 한다. 선진국에서는 자기가 좋아하는 사회단체나 정치 집단에 참여하고 목소리를 내고 있고 정당이나 사회단체도 젊은 리더들을 초빙하여 좋은 정책을 홍보하고 교육도 시키고 지지를 이끌어 집권을 추진한다는데 우리 직장인들은 어떨까? 밤늦게 술집이나 사행 업체에서 시간을 보내는 젊은이들이 사회나 나라 발전을 토의하고 능력을 갖추는 노력을 할 수 있을까? 나라와 사회를 건전하게 발전시키고 싶어 하는 젊은이들이 사회 문제에 대한 토론도 하고 정치권이나 지자체에 대안도 제시하면서 꿈을 키워가야 한다고 본다.

지금부터라도 미래를 이끌어 나가는 지혜로운 젊은 리더들이 많이 나오기를 기대한다.

나는 차세대 리더가 될 수 있는 실력 있는 젊은 청년들이 나타나면 적극 성원하고 싶다. 오직 국민들에게 충실하고 주민들의 의견을 존중하고 사회적 약자에 더 많은 관심을 가질 수 있다면 사랑받을 수 있다고 믿고 있다.

현재의 우리를 되돌아본다면?

　세계에 빛나는 반도체, 자동차, 철강 산업, 문화 예술, 경제 규모 10위권의 부국을 이루며 잘 살게 된 나라에서 자살율 세계최고, 출산율 노인빈곤율 세계 최저라는데 감사, 겸손하고 근검 절제하며 나라의 미래를 걱정하기보다는 자신만을 위하는 지식인들이 얼마나 많을까?

　죄를 짓고 더 큰소리치는 정치인들을 우리는 왜 질책하지 않고 지지하고 열광할까? 자문해보면 어떨까? 우리가 건전한 사회를 만들고 있을까? 편법이 판치고 있지 않을까? 언제부터 불로소득과 공짜 좋아하는 속물들, 만족 모르는 졸부들이 늘어나고 있을까? 자기 자신, 자기 지식들만 아는 이기주의가 판치는 천민자본주의가 되지 않았을까?

　언론 방송에서 사회를 밝게 변화시키는 미담이나 에너지 주는 내용보다는 연예인들의 연애 이야기나 "땅을 얼마에 사서 얼마나 이익을 얻었느냐" 하는 이야기, 집안의 정원이 몇 평이며 전망이 어떻다며 부동산으로 치부한 사례들을 우선 다루고 부러워하게 만든다면 좋은 가치관을 만들 수 있을까? 스포츠나 연예인 스타들을 왜 언론이나 방송, 뉴스에 크게 다룰까? 시청률 때문이라고? 사회를 밝게 변화시키는 묵묵히 일하고 봉사하는 영웅들이 얼마나 많은가? 이들을 존중하고 사랑한다면 가치관이 건전하게 형성될 것이다. 그들을 찾아서 세상을 위하여 헌신하는 모습들을 그려주고 찬양하고 성원한다면 가치 있는 인간의 목표가 아름답게 변화해갈 것이다.

한국을 사랑하는 미국 정치학자
마이클 존스턴 교수의 부패 정치 이야기

"한국은 많이 배운 놈들이 조직적으로 뭉쳐 국민을 등쳐먹는다." 세계 각국의 부패를 연구한 미국 정치학자인 마이클 존스턴 교수(뉴욕주 콜게이트대)가 한 발언이다.

존스턴 교수는 국가의 부패 유형을 네 가지로 나눈다.

1단계인 '독재형'은 중국, 인도네시아 같은 나라에서 주로 나타난다.
2단계 '족벌형' 역시 러시아, 필리핀에서 보인다.
3단계인 '엘리트 카르텔형' 부패 국가로는 한국과 함께 이탈리아, 아르헨티나가 꼽힌다.
4단계 '시장 로비형' 미국, 영국, 캐나다, 일본이 여기에 속한다.

독재형과 족벌형은 주로 후진국에서 나타나고, 시장 로비형은 선진국에서 주로 나타나는 부패이다.

중간 단계인 엘리트 카르텔형은 인맥을 중요시하는 사회에서 나타나는 유형으로 한국이 대표적인 나라라고 한다.

존스턴 교수에 따르면 한국은 엘리트 카르텔형으로 정치인, 고위 관료, 군에서 같은 학교 출신, 같은 지역 출신 엘리트들이 자신들만의 카르텔, 즉 인맥을 구축해 그들만의 부당 이익을 취하는 특징을 가지고 있다는 것이다.

위로부터 부패, 권력층의 끼리끼리 부패로 대부분의 국민은 피해자이다.

한국 부패 문제에 대해서는 이재열 서울대 사회학과 교수도 존스턴 교수와 같은 목소리를 내면서 '기득권층 짬짜미형 부패'라고 부른다.

'가장 뛰어난 자들의 부패가 최악의 부패다'라는 속담이 중세 로마시대부터 전해오고 있으며, 문호 윌리엄 셰익스피어는 "썩은 백합꽃은 잡초보다도 그 냄새가 고약하다"라고 했다.

모두 받아들일 수 없지만 이제 고리를 끊고 공정하고 바른 미래로 가야 하지 않을까?

철학자 최진석 박사의 외침을 들어보자

그는 철학자이면서 정치의 낙후성에 깊은 우려를 하고 있는 분으로 '새말새몸짓'이라는 사단법인을 설립하여 연구와 교육을 병행하고 있으며 나는 설립 때부터 작은 성원하고 있다. 그리고 그는 '건명원'이라는 차세대 리더 수련원을 만들어 연찬에도 심혈을 기울이기도 했다.

"36년간의 식민지를 벗어나 신생 독립국으로 재탄생한 우리는 소란과 갈등 속에서도 찬란한 역사를 썼습니다. 경제, 정치, 문화, 학술, 사회, 과학 등에서 괄목할 만한 성장을 이루었고, 세계는 이것을 기적이라고 평가합니다. 건국(새정부수립)-산업화-민주화의 직선적인 발전을 이뤄냈습니다. 현대사에서 이런 기적을 이룬 나라는 우리가 거의 유일합니다. 대한민국은 기적을 이뤘습니다.

그러나 우리는 멈췄습니다. 흔히 말하는 중진국 함정에 빠졌습니다. '따라하기'와 훈고의 습관을 벗지 못하고 있으며, 정치는 진영에 갇혔습니다. '민주화' 다음으로 넘어가는 노선에 나서지 못하고 있습니다. 우리가 지금 해야 할 가장 중요한 일은 중진국 함정을 빠져나와 민주화 다음을 도모하는 일입니다. 민주화 다음의 단계를 일단 선도력을 갖춘 나라, 즉 선진국으로 표기하기로 합니다. 건국 세력(새정부 수립 세력)은 자신의 역할을 한 다음, 산업화 세력에 의해 도태되었습니다. 산업화 세력은 자신의 역할을 한 다음, 민주화 세력에 의해 도태되었습니다. 역사의 발전이란 과거 세력이 도태되고 새로운 세력이 등장하는 것 이상이 아닙니다. 우리는 이제 민주화 세력이 도태되고, 선진화 세력이 등장해야 할 시점입니다. 우리의 운명은 선진화를 담당할 새로운 세력을 등장시키느냐 못 시키느냐로 판가름 날 것입니다.

중진국을 넘어 선진국으로 도약해야 합니다. 전술 국가를 넘어 전략 국가로 상승해야 합니다. 그러기 위해서는 먼저 그 높이에 오를 수 있는 시선으로 무장하고 인격적으로 단련해야 합니다. 삶의 태도와 시각에 전면적인 변화가 필요합니다. 훈고의 습관을 창의의 생명력으로 바꿔야 합니다. 대답하는 습관을 질문하는 습관으로 진화시켜야 합니다. '따라하기'를 넘어 독립적 사고력과 태도를 갖춰야 합니다. 더 과학적이어야 합니다. 감성을 벗어나 지적인 논리를 갖춘 독립적 인격으로 성장해야 합니다. 예술과 문화와 인문적인 소양을 갖춰야 합니다. 감각과 본능에 좌우되는 판단 능력을 좀 더 이성적이고 논리를 갖춘 사고력으로 성장시켜야 합니다. 어떻게 살다 갈 것인지, 어떤 사람이 되고 싶은지를 본격적으로 묻기 시작해야 합니다. 헌 말 헌 몸짓과 과감하게 결별하고 '새말새몸짓'으로 무장해야 합니다.

우리가 어떻게 생존해온 민족입니까. 우리가 어떻게 번영시킨 나라입니까. 여기까지만 살다 갈 수는 없습니다. 우리가 한 번만 더 각성하면, 더 자유롭고 더 독립적이며 더 높이 살다 갈 수 있습니다. 할 수 있다는 것을 우리는 믿어야 합니다.

더 나은 대한민국을 만드는 일에 함께 해주실 것을 간절한 마음으로 호소합니다. 한번 해봅시다!"

우리의 변화는 멈출까 더 활짝 펴진 날개로 세계에 자랑스러운 나라로 나아갈까? 우려되는 속에 새로운 두려움과 희망이 함께 다가서고 있다.

경쟁력이 있는 대한민국, 취약점은 무엇이며 어떻게 해소해야 할까요?

우선 중요한 것은 국가 안보와 경제 양극화 완화, 국가 행정 시스템의 개혁이라고 본다.

이런 문제를 문외한이라고 여기는 기업인이 제안해도 납득할까? 그럼 누가 번민하고 성찰하고 추진할까? 이런 담론을 꺼내면 "네 할 일이 아닌데 왜 꺼내느냐?" 할 것이다.

나는 늘 그런 시각을 뚫고 여기까지 살아 왔다. 이런 사고의 틀에서라면 우리는 앞으로 나아가지 못한다. 나라와 사회 문제는 공공선을 추구해야 하므로 누구든 의견을 제시하고 적극 참여하면 세상이 한 발씩 앞으로 전진하지 않을까?

국가 안보는 가장 소중한 과제가 아닐까?

국가 안보는 우리의 생존에 관한 문제이다. 죽느냐 사느냐의 절박한 과제이다. 가까운 분들은 군인 출신인 나에게 묻는다. "북한이 핵무기도 개발하고 우리를 위협하는데 전쟁이 나면 어떻게 될까요?" "지상전이 나면 나는 소총 달라고 하여 우리 동네 지킬 겁니다. 그러나 핵이나 화생방 전쟁 나면 다 죽는 거지요. 그리고 북한 지도층도 다 죽을 겁니다. 살아남은 사람들에 의해 자유 통일도 될 겁니다. 폐허 속에서 행복한 삶은 없을 겁니다." 담백하게 대답한다.

우리는 남북 대치 상황에서 미국, 일본, 중국, 러시아와 이해 관계가 얽힌 지정학적으로 세력이 충돌되는 위치에 있다. 홀로 나라를 지킬 수 없는 난제를 안고 있기도 하다. 강대국들에 대항하려면 첨단 무기와 장비가 투입되고 막대한 전쟁 비용이 소요될 것이다. 북한을 지원하는 러시아, 중국과의 대치 국면에서 한미일 동맹에 의한 방어 체제 외의 방법이 없다. 평화가 완전 정착될 때 까지는 전쟁 억지 전략을 위하여 주한미군의 지원이 꼭 필요하다. 미군 철수를 외치는 사람들은 무엇을 생각하고 있을까? 전쟁을 원하고 있을까? 체제 전복을 기도하고 있을까? 국방력을 더 튼튼히 하고 화해 협력과 평화를 추구하는 미래를 만들면 우리가 죽은 다음의 후세들에 의하여 통일도 되고 행복한 나라로 발전할 것이다.

자유민주주의를 위하여 양극화 완화는 필요하다.

경제 양극화를 완화하는 문제는 시점에서 중요한 과제가 아닐까? 한 번에 단시일 내에 다 할 수 없을 것이다. 저소득층 혁신가 발굴과 지원이 된다면 언젠가 따뜻한 사회를 이루는 길로 갈 것이다.

'가난은 나랏님도 어쩔 수 없다'는 옛말이 아니더라도 분배하는 방식으로 다 도와줄 수는 없다. 코로나 당시에 모든 국민들에게 100만 원씩 지원한 일이 있었다. 나는 취약 계층, 소상공인, 종소기업인 등에게 300만 원씩 주고 부자들은 주어서는 안 된다는 의견을 전달한 바 있었다. 평등에 위배된다고? 균형을 맞춰주는 게 평등이다.

양극화 완화의 핵심은 저소득층 혁신가 발굴이 아닐까? 가난하지만 우수한 청년들을 매년 5,000명 정도 선발해 정부에서 전액 지원하여 미래의 인재로 육성하고 상위 우수자 1,000명 정도는 명문 대학이나 선진국에 유학시켜 국가가 소요로 하는 첨단 과학 인재로 육성하면 어떨까? 자금이 어디서 나오느냐고? 5000여 명에 1억 원씩 지원한다면 5000억 원, 10년이면 5조 원이다.

우리 국민들은 위대하고 훌륭하다. IMF 당시 금 모으기로 나라 살리기에 앞장선 충정을 지녔고 서산 앞바다가 기름으로 완전 오염되었을 때 연 인원 100만 명이 자원봉사로 기름을 제거하기도 한 가치관이 살아 있는 국민들이다. 우리가 진솔하게 동의를 구한다면 일반 시민들, 기업인들도 적극 참여할 것이다.

의사이면서 경제학자인 홍콩 과기대 김현철 교수의 지론을 들어본다.

"사회적 약자와 함께해야 하는 또 다른 이유는 우리 사회에 숨겨진 아인슈타인, 즉 혁신가들이 저소득층에 집중되어 있기 때문이다. 나는 '질문하라, 비판하라 '똑똑한 문제아'가 사회 발전시킨다'에서 최근 하버드대 경제학과의 라즈 체티(Raj Chetty) 교수팀의 연구 결과를 소개했다. 어린 시절 혁신에 노출되었다면 중요한 발명을 할 수 있었던 '잃어버린 혁신가'가 저소득층에 집중되어 있다는 것을 알 수 있다. 고소득층은 자녀들이 능력을 꽃피울 수 있도록 부모가 이미 충분한 투자를 하고 있다. 그러나 저소득층은 그럴 기회를 갖지 못했다.

개인의 힘으로는 꽃피울 수 없었던 이들의 숨겨진 재능을 찾아내, 사회에 기여하도록 돕는 것이 국가의 역할이다. 즉, 저소득층을 돕는 것은 시혜의 차원을 넘어 이들이 국가 발전에 이바지하게 돕고 함께 더 나은 세상을 만들어가는 방편이다."

사회적 약자는 우리 모두의 성원이 필요하다.

우리 주변에는 수많은 사회적 약자가 있다. 돌봄의 사각지대에 놓인 사람들, 폐지 줍는 노인들, 장애인, 재난을 당한 사람들, 북한 이탈 주민, 저개발 국가에서 온 사람들 등 다양한 모습이다. 이들의 어려움은 대부분이 나라를 잘못 만나고, 불우한 환경에서 태어났고, 사회의 적절한 보호를 받지 못했기 때문이다. 그들의 잘못이 아니다. 노력하지 않았음도 아니다. 그저 불운했던 것이다.

사회적 약자와의 함께 하는 것은 시혜가 아니다. 이들로 더 좋은 세상을 만드는 데 기여하게 해야 하지 않을까? 그러면 양극화 완화의 단초를 푸는 것은 한 번에 다 할 수 없고 가난하지만 똑똑한 인재들을 발굴하여 꾸준히 지원하여 각 분야의 지도층이 되도록 육성한다면 우리 사회는 역동성을 갖게 되고 양극화는 점차 완화 될 것이다.

국가의 틀을 크게 바꾸는 변화를
추구하여 행복한 나라로 만들어야

왜 우리는 시대 변화에 대응을 못하고 있을까? 이 문제를 해결하려면 걸출한 지도자가 나와야 한다. 문제를 제기하고 '확 바꾸겠습니다' 하며 개혁을 추진할만한 리더가 안 나오기 때문이다. 썩었다고 얘기할 수는 없지만 무기력하고 자신의 영달에만 관심 있는 정치인들, 선거 끝나면 다음 선거를 준비하기 위한 정쟁에만 파묻혀 있는 국회의원들이나 정부 지도자들이 나라의 생존을 위한 개혁을 할 수 있을까? 없다고 본다.

똑똑해진 우리 국민들은 자신은 적극 참여하지 않으면서 비판만 열심히 하고 있다. 인구는 자꾸 줄어드는데 지방행정기구는 늘어나고 있고 기초 단체와 연관 기관은 좀비가 되어 민간 경쟁력을 약화시키고 있는데도 그들만의 자리 만들기에 치중하고 있다.

나는 우선 우리나라 지방 행정 단위를 대폭 바꿔야 한다고 본다. 이제 모든 업무가 행정 전산화되어 업무지원이 거의 완벽하며 교통은 사통팔달로 전국 모든 지역이 세종청사를 중심으로 2시간 내로 이동한다. 그런데 행정 기관은 해방 당시와 크게 다르지 않게 존재하면서 공무원이나 연관 공공 기관 인력은 계속 늘리고 있다. 모든 업무가 다 전산화되어 있고 교통이 원활하게 되어 있으므로 이제는 시, 군, 구를 모두 통합하여 전국을 25여 개 행정시로 개편하면 어떨까? 지금의 공무원은 주민 복지나 환경, 노인이나 어린이 지원부서로 대폭 전환하고 모든 행정시 단위는 도시와 농촌을 병합하여 도농 복합시로 만들면 어떨까?

서울특별시도 4개의 시로, 경기도는 6개의 시로 개편하고 지방은 특성화를 살려 15여개 시와 시의회를 만들어서 자치단체별로 잘사는 경쟁을 해야 한다. 국회는 200여 명 내외로 축소하여 행정 단위별로 8명 규모의 중선거구제로 나뉘어 선출한다면 참신하고 건전한 국회의원이 선출될 것이다.

기업이라면 이미 벌써 이러한 개편이 이루어지고 효율적이지 못한 기구는 통폐합되었을 것이다. 살아남기 위해서는 방법이 없기 때문이다. 이대로 가면 우리 대한민국은 더 무기력해지고 쇠락의 길로 들어설 것이다. 정치권의 탐욕과 당쟁, 패거리 정치를 더 이상 방치하면 안 된다. 젊은 세대의 구김살 없는 행동을 보라. 운동이나 문화 예술이나 기능 올림픽에서나 우리 모두가 박수 보내고 있다. 미래의 희망이며 마음만 먹으면 할 수 있으리라 믿는다.

시민의 힘으로 압력을 가하여 정부도 이제 합리적이고 모두에게 도움이 되는 조직으로의 개편이 늦었지만 곧 실행하기를 촉구한다.

전문가도 아닌 기업인이 이런 주장을 펼친다고 "네 할 일도 아닌데 왜?" 할까? 지금의 정치 지도자들은 능력도 없고 의지도 없으므로 일반 시민 누구든 나라를 위하여 소리쳐야 한다. 나라가 암울했던 시절 독립운동으로 나라를 구한 선열들과 전쟁의 참화에서 나라를 구한 호국용사들의 충정을 담아 간절히 기도하고 있다. 이제 세대 교체도 이루고 젊은 여러분들이 일어나서 새로운 변화를 이룩하고 행복한 나라를 이룰 수 있기를 소망한다.

우리가 찾아야 할 차세대 리더는 누구일까?

<정치, 사회, 국방, 교육, 문화 등에서 참신하고 정직한 지도자>
- 바른 가치관으로 나라를 개혁하겠다는 혁신가
- 양극화를 완화하고 민생에 집중할 수 있는 유능한 정치가
- 과외에 의존하는 교육 시스템을 혁신할 수 있는 개혁가
- 사회 갈등, 육아, 저출산, 노사 문제 해결 의지 있는 조정가
- 안보를 튼튼히 하고 부강한 나라를 만들 수 있는 애국자

그리고 혁신가는 빈민층에서 나온다는데 어떻게 육성할지 이 과제를 위하여 기도한다.

마무리하면서
– 젊은 리더 여러분, 보이지 않는 힘을 믿고 정진하세요

"너는 죽어서 어떤 사람으로 기억되길 바라느냐?" 50세가 되어서도 이 질문에 여전히 답할 수 없다면 그 사람은 인생을 잘못 살았다고 봐야 할 거야. 경영학의 구루 '피터 드러커'가 말했다고 한다. 그 질문이 자신들의 인생을 크게 바꿔 놓았다고 고백하고 있다. 피터 드러커는 비록 마흔 살이 될 때까지 위 질문을 이해하지 못했지만, 평생 그 질문을 스스로에게 던졌고, 그 질문이 자기 삶을 이끌어왔다고 고백한다.

"나는 어떻게 죽고 싶은가? 어떤 사람으로 기억되길 바라는가?" 이 질문에 답하려면 결국 내가 어떻게 살기를 원하는지 알아야 한다. 결국 어떻게 죽고 싶은지 알려면 어떻게 살지를 알아야 하지 않을 수 없다.

그래서 여러분은 죽을 때 어떤 사람으로 기억되고 싶나요? 아직 젊어서 생각해보지 않았을까요? 나는 이제 와서 늘 생각합니다. 세상의 변화에 휩쓸렸을까? 적응하며 즐기며 살았을까? 기대 수명을 지난 84세의 청년이 어떤 삶을 살았는지 아직 터득하지는 못했지만 여한 없이 보람 있게 살았다고 말하고 싶다. 이제 확실한 것은 겪어왔던 모든 일이 감사였고 축복이었다.

만났던 모든 분들, 하나님이 맺어주신 특별한 인연이었고 보이지 않는 힘으로 다가와 나를 지배하고 흔들었다. 그때 절망하면서 희망을 잃었다고 스스로를 책망했던 일들이 지나놓고 바라보니 큰 에너지로 더 큰 행운으로 변하여 미약했던 나를 일으켜 세우고 열정을 갖게 하였다. 그동안 사랑 주신 따뜻한 분들을 잊지 않고 기억하면서 이제 어디서든 여러분을 위하여 기도하겠다.

정호승 시인은 "새들은 바람이 강한 날에만 집을 짓는다."라고 하였다. 높은 나무 가지 위에 위태롭게 보이는 둥지는 바람이 불어도 쉽게 떨어지지 않는다.
새들은 바람이 강한 날에 집을 지었기 때문이다.
배우지 않았어도, 새들은 바람이 없는 날에 편하게 집을 지으면 바람이 거세게 부는 날에는 둥지가 떨어진다는 것을 알았다.

비슷한 이야기를 읽었다. 고치에 있는 나비가 쉽게 나올 수 있도록 밖에서 고치를 열어주면 나비는 결코 하늘을 날 수 없다고 한다. 스스로 고치를 열고 나와야만 날개에 힘이 생겨서 날 수 있기 때문이다.
그렇다. 새들이 바람이 강한 날에 집을 짓듯이, 삶은 폭풍우 속에서도 항해하는 법을 배우는 것이다. 잔잔한 파도는 결코 강한 항해사를 만들 수 없다.

힘들게 살아가는 여러분도 주어진 여건을 감사하게 받아들이고 비범한 노력을 하길 바란다. 고난에 부딪치면 '더 좋은 기회를 주시려는 특별한 축복이다.'라며 보이지 않는 힘이 늘 가까이 있다는 확신을 가지고 즐기면서 내일을 아름답게 만들어야 한다. 기회는 언젠가 오기 마련이다.

젊은이 여러분, 묻고 싶다. 진정한 성공은 무엇일까?

성공의 가치를 어디에 두고 있을까? 돈일까? 관직이나 명예일까? 자기가 이룬 작은 성취라도 남을 위해 돌려 줄 수 있는 삶이라면 좋은 성공이 아닐까? 나아가 우리 이웃이나 사회나 국가를 위해 헌신할 수 있다면 더 빛나는 삶이 될 것이다. 자기만을, 자기 가족만을 위하여 살아온 기성세대가 있었다면 그 삶은 특별한 의미가 있었을까?

이제 기성세대의 무기력한 행태에 방관하지 말고 사회 개혁에 적극 나서야 한다. 지탄받고 있는 정치 분야에도 젊은 여러분의 참여와 변화 추구가 긴요하다. AI와 사람, 그리고 그것을 조화롭게 만들 미래는 밝고 진취적인 여러분이 열어가기 바란다.

변화하는 시기에 태어난 여러분은 축복받은 사람들이다. 세계를 상대로 더 넓은 세상에서 더 활기차게 세상을 바꾸고 이끌어 나가는 미래를 만드시기를 소망한다.

여의도 샛강변에서 저자